# Hausboot Lotte, Kater Emma und ich

NICOLA EISENSCHINK

# Hausboot Lotte, Kater Emma und ich

# Inhalt

# Das will ich immer sehen!

Ich war an einem dieser ziemlich ekligen grauen und nassen Novembertage in Hamburg unterwegs. Fahle Schneereste schmolzen matschig an den Straßenrändern. Ich hatte mich aufgemacht, ein Hausboot zu besichtigen. Meine Freundin Angela, mit der mich eine über zwanzigjährige Freundschaft verbindet, begleitete mich. Ich war froh, sie mit ihrer klugen, klaren Art an meiner Seite zu haben. Schließlich sehen vier Augen mehr als zwei. Ich war aufgeregt, nervös und unruhig, aber auch voller Erwartung und Vorfreude. Gefunden hatte ich das Schiff bei eBay Kleinanzeigen. Château d'eau hieß es und sah auf den Fotos ziemlich gut aus. Nein, eigentlich sah es großartig aus. Ich war nicht unvorbereitet, hatte mir für meine Besichtigung eine umfangreiche Frageliste erstellt: Ist das Ding winterfest? Wie ist die Wasser-, wie die Stromversorgung? Wie ist es gedämmt? Wie viel kostet der Liegeplatz? Wann war es das letzte Mal in der Werft? Gibt es ein Schwimmfähigkeitszeugnis?

Wir fuhren in die Vierlande, einen Stadtteil im Südosten Hamburgs. Man hatte mir eine ungefähre Adresse, den Namen eines Hafens genannt. Die Deichstraße war schier endlos, der Himmel spannte sich trüb über die graubraune Landschaft. Wir mussten eine Weile suchen, aber schließlich fanden wir die Straße, an der der Hafen liegen sollte. Wir schauten uns um und da sah ich das Boot auf der anderen Seite der Bucht. Da lag es, ein weißer Kasten, völlig unspektakulär. Aus der Entfernung wirkte es am langen Steg und im trüben Winterwasser eher klein.

»Hm«, machte Angela, »das ist es wohl.«

»Ja, nicht so prickelnd«, gab ich zurück.

Trotzdem blieb ich aufgeregt. Im Hafen stand ein Mann, ein anderer fegte ein wenig Schnee vom leeren Steg.

»Kommen Sie, um sich das Hausboot anzusehen? Ich bin der Verkäufer.« Er stellte seinen Besen beiseite und begleitete uns den Steg entlang. »Vorsicht, hier ist überall Gänsedreck«, warnte er uns, als wir frierend die vierhundert Meter zum Boot wanderten. Endlich standen wir vor der Eingangstür und mein Blick glitt am Bootsrumpf entlang. Auf den Fotos hatte die Château d'eau deutlich spannender ausgesehen. Unbehagen erfasste mich. Das sollte es sein? Das sollte vielleicht mein neues Zuhause werden? Schwer vorstellbar.

Wir betraten das Schiff. Drinnen war es eiskalt, beinahe kälter als draußen. Kein Wunder, wohnte doch niemand mehr darauf. Die Besitzer waren nur im Sommer dort gewesen, wie wir erfuhren, im Winter hatte es stillgelegen. Ich ging durch die einzelnen Räume – allesamt nicht eben groß, aber geschickt eingerichtet –, fand das Ganze recht nett, aber mehr auch nicht. Erst im großen Hauptraum packte es mich. Er war rundum von Fenstern umgeben, durch die ich das Wasser sehen konnte. Und dann der Moment, in dem die halbherzige Wintersonne meine Entscheidung beförderte, als sie durch die Fenster an die Decke schien und dort zitternde Lichtmuster erzeugte. Das will ich immer sehen, dachte ich unwillkürlich. Ein ganz seltsames Gefühl, ein sicheres Wissen, dass dies hier mein Boot sein würde, durchströmte mich. Plötzlich konnte ich mir vorstellen, dass mein Traum hier Wirklichkeit werden würde. Ich musste erst einmal durchatmen, denn plötzlich war ich innerlich ganz aufgewühlt. Also trat ich nach draußen auf das Vorschiff mit der geräumigen Terrasse. Von hier aus hatte man einen wunderbaren, weiten Blick über die Elbe. Irgendetwas wurde in mir angerührt, irgendetwas verliebte sich in diesem Augenblick.

Steifbeinig vor lauter Aufregung stiefelte ich auf und ab, nickte innerlich vor mich hin: Schön, schön, das Ganze. Nein, nicht schön, wunderschön! Angela beobachtete meine Reaktion sehr genau, sie schmunzelte. Sie hatte mein inneres Nicken offenbar gesehen und sofort erfasst, dass ich das Schiff großartig fand. Aber ich blieb vorsichtig: Lieber erst mal zurückhaltend bleiben, vor allem dem Verkäufer kein allzu großes Interesse zeigen. Ich hatte schließlich vor, noch über den Preis zu verhandeln, wenn ich das Schiff denn tatsächlich kaufen wollte.

Auf all meine Fragen bekam ich zufriedenstellende Antworten: Gedämmt war es, die Stahlwände waren von innen mit vier Zentimetern Steinwolle isoliert, davor hatte man Rigips-Wände gesetzt. In der Werft war es im selben Jahr gewesen, hatte dort ein neues Schwimmfähigkeitszeugnis und einen Unterwasseranstrich bekommen. Der Liegeplatz kostete nicht viel, Strom und Wasser kamen aus dem Hafen. Wir saßen eine Weile im kalten Wohnzimmer herum, ich ließ meinen Blick schweifen. In meiner Fantasie richtete ich das Schiff ganz neu ein. Ich stellte mir vor, wie es sein würde, hier zu wohnen. Überlegte, wie es wäre, im Sommer auf der Terrasse zu sitzen und immer, jeden Tag, diesen unglaublich weiten Blick zu haben. Malte mir aus, wie gemütlich es sein würde, bei Sturm und Regen vorm Kamin zu sitzen, den es zu meinem Entzücken auch gab, sein wärmendes Feuer zu genießen und dennoch den Elementen ganz nah zu sein. Es fühlte sich schlichtweg richtig an, ich hatte das Gefühl, dies sollte mein Start in ein neues Leben werden. Andererseits war es das erste Schiff, das meinen Vorstellungen entsprach. Sollte ich da tatsächlich gleich zugreifen?

»Ich melde mich«, sagte ich beim Gehen.

Im Auto waren wir zunächst schweigsam.

»Du hast dich verliebt!«, konstatierte meine Freundin.

»Mhm, na ja«, murmelte ich.

»Und – kaufst du es?«

»Nein, ich glaube nicht, ich hab Angst. Ich weiß doch gar nicht, ob ich das kann, so ganz allein auf einem Schiff«, sagte ich.

Angela wandte sich zu mir und sagte streng: »Eisenschink, nun hast du ein Schiff gefunden, das genau so ist, wie du es dir wünschst. Nun kauf das Ding. Ich will mir nicht die nächsten zwanzig Jahre dein Gejammer anhören, weil du dich nicht getraut hast!«

Es ist gut, kluge Freundinnen zu haben.

Als mich Angela zu Hause abgesetzt hatte, betrachtete ich noch einmal die Fotos und ließ meine Gedanken schweifen. In den nächsten Tagen telefonierte ich mit meiner Familie und schwärmte meinen Freunden von dem Schiff vor. »Es ist noch viel schöner als auf den Bildern«, erzählte ich allen. Und doch beschlichen mich Zweifel. Sollte ich es wirklich wagen? Hatte ich tatsächlich den Mut und genügend Kraft für eine derart große Veränderung oder sollte ich diesen Traum nicht lieber begraben? Es war eine Zeit der Umbrüche, eine Zeit der Neuausrichtung für mich, die mit einem unangenehmen Knall begonnen hatte.

## KAPITEL 1

# Neubeginn mit einem Herrn

Mein neues Leben hatte mit einem gewaltigen Knall und einem Ende begonnen. Mein Mann und ich saßen bei einem – wie ich fand – entspannten Essen zur Feier unseres zwölfeinhalbten Hochzeitstages bei unserem Lieblingsitaliener. Bei der Nachspeise eröffnete er mir, dass er sich von mir trennen wolle. Er wollte keine Auszeit, sondern gleich die Scheidung. Ich war völlig geschockt, hatte nicht damit gerechnet. Die folgenden Wochen erschienen mir wie ein Alptraum: Ich versuchte, unsere Ehe zu retten, versuchte immer wieder, mit ihm zu sprechen, doch ich kam nicht mehr an ihn heran. Für ihn war alles klar: Er wollte nicht mehr. Im Nachhinein muss ich sagen, dass er recht gehabt hat.

Verliebt hatte er sich damals in eine lebensfrohe, bodenständige und selbstbewusste Frau.

Als wir uns kennenlernten, hatte ich einen riesigen Freundes- und Bekanntenkreis gehabt. Samstags tanzten wir in einer Rockdisco die Nächte durch. Sonntags trafen wir uns zu Radtouren und machten Picknicks. Ich trieb regelmäßig Sport, feierte mit Freunden wahre Kochorgien und freute mich meines Lebens.

Doch diese patente und fröhliche Frau war in all den gemeinsamen Jahren irgendwo verloren gegangen. Ich hatte versucht, mir seine Liebe durch Leistung zu erhalten. Und stand dabei ständig unter selbst gemachtem Stress: Ich wollte die perfekte Ehefrau sein, die geistreiche Gespräche mit ihrem Mann führt und immer gute Laune hat. Ich wollte die großartige Gastgeberin sein, die neben ihrem Job mühelos mehrgängige Menüs kocht, den Tisch liebevoll dekoriert und bis tief in die Nacht lustig und munter ist. Ich wollte eine beruflich erfolgreiche Vorzeigefrau sein, obwohl ich auch damals schon mit finanziell desaströsen Arbeitsbedingungen zu kämpfen hatte. Ich wollte eine aufregende Geliebte sein, die ihren Mann ständig überrascht und natürlich einen hinreißenden und durchtrainierten Körper hat. Ich wollte den riesigen Garten in ein Paradies verwandeln ...

Ich wollte eine Frau sein, auf die er stolz sein konnte, die er immer lieben würde. All diese Ansprüche hatten mich von mir selbst entfernt, ich wusste im Grunde gar nicht mehr, wer ich wirklich war, was ich selbst wollte. Und war darüber unzufrieden geworden, nicht nur mit mir selbst. Er hatte mich nie in all diese Rollen hineingedrängt, hatte nie etwas von mir gefordert. Aber die starke Frau, die er kennengelernt hatte, war auf der Strecke geblieben und nun war er mit einem unwirschen und ewig nörgelnden Wesen zusammen. Das fiel auch mir selbst immer häufiger auf. Im Grunde mochte ich mein ganzes

Leben nicht mehr, obwohl es von außen betrachtet perfekt war: Ich hatte einen liebenswerten Mann, wir wohnten in einem schönen Haus, fuhren regelmäßig in den Urlaub, es fehlte uns an nichts. Und doch hatte ich manchmal das Gefühl, dass wir uns voneinander entfernt hatten, dass sich die Liebe davongemacht hatte. Die Freude am Segeln war uns geblieben.

Nun hatte er also einen Schlussstrich gezogen, den ich akzeptieren musste, aber noch nicht konnte. Verzweifelt versuchte ich, ihn dazu zu bewegen, mit mir zu reden, einen gemeinsamen Weg zu finden. Ich wollte unsere Ehe nicht einfach so wegwerfen. So erzählte ich zunächst noch niemandem vom Entschluss meines Mannes, versuchte lieber erst einmal, ihn umzustimmen. Doch irgendwann wurde mir klar: Er meinte es bitterernst!

Mein Halt in dieser Situation waren meine Freunde. Alle halfen, wo sie konnten, sie schlossen sich wie ein warmer Mantel um meine Verzweiflung. Angela und ihr Mann Dirk quartierten mich erst einmal für ein paar Tage bei sich ein, damit ich wieder zu mir kommen konnte. »Du kannst so lange bleiben, wie du willst«, boten sie mir an, »fühl dich wie zu Hause.« Das tat ich und genoss das WG-Leben zu dritt sogar. Ich fühlte mich geborgen und hatte am Ende die Kraft, eine Scheidungsanwältin anzurufen. Edith fragte: »Was kann ich für dich tun, isst du überhaupt richtig?« Nein, das tat ich natürlich nicht. Also lud sie mich ein und bekochte mich und ich entspannte mich trotz all dem Stress zu Hause. Alex brachte mich mit ihrem schwarzen Humor tatsächlich zum Lachen und Monika nahm mich einfach in den Arm.

Irgendwann hatte ich das Unvermeidliche akzeptiert und machte mich auf die Suche nach einer neuen Wohnung. Nicht leicht in der schönsten, aber eben auch sehr teuren Stadt. Ich fand eine Zweizimmerwohnung, zog aus dem gemeinsamen Haus aus und versuchte, mein Leben neu zu ordnen. Und das fühlte sich überraschenderweise ziemlich gut an. Ich war wie befreit von der Last des Perfekt-sein-Müssens. Auch meine Familie freute sich darüber: »Die alte Nico ist wieder da.« Es schien, als würden Verkrustungen aufbrechen, die mein eigentliches Ich wieder zum Vorschein brachten. Ich fühlte die vertraute und lange verschüttete Lebensfreude zurückkehren, war beschwingt, richtig gut drauf. Und das hatte auch mit einer wichtigen Entscheidung bei dieser Rückkehr zu mir selbst zu tun. Nur zehn Tage nach meinem Umzug erfüllte ich mir einen sehr, sehr großen Wunsch: Ich holte mir eine Katze aus dem Tierheim.

Als ich meinen Mann kennengelernt hatte, hatte ich auch eine Katze besessen, Dina hieß sie und war schon damals sehr alt. Ich hing mit großer Liebe an der Katze. Als sie unheilbar krank wurde und eingeschläfert werden musste, hatten wir kein neues Haustier mehr zu uns geholt.

Eine Samtpfote aber hatte mir während meiner Ehe schmerzlich gefehlt. Nun, in meinem neuen, eigenen Zuhause konnte ich mir diesen Herzenswunsch erfüllen. Ich fuhr in ein nahegelegenes Tierheim und erzählte meine Geschichte.

»Wir haben genau die richtige Katze für Sie, drei Jahre alt vielleicht. Wir haben sie Kaya genannt«, sagte die Angestellte.

»Hat sie jemand abgegeben?«, wollte ich wissen.

»Angeblich hat jemand sie in einem Gewerbegebiet gefunden. Ich hab's nicht geglaubt. Dafür war sie zu gepflegt. Vermutlich passte sie nicht mehr ins Leben des Besitzers. Wie so oft ...«

»Wie verantwortungslos«, entgegnete ich schockiert.

Die Tierpflegerin zuckte nur die Schultern. Sie war an diese Haltung offenbar gewöhnt.

Mit klopfendem Herzen betrat ich den Raum, in dem Kaya untergebracht war. Sie saß ganz oben auf einem Schrank in einem Katzenkorb. Zunächst sah ich durch das Gitter nur zwei grüne Augen, die mich neugierig beobachteten. Kaum hatte ich mich auf einen Stuhl gesetzt, kam Kaya auch schon aus dem Korb. Sie ließ mich nicht aus den Augen, während sie rasch nach unten auf den Fußboden kletterte, sich auf den Rücken warf, mich weiter intensiv betrachtete und zu schnurren begann. Ich war nicht gerade begeistert: Das Tier war schwarz-weiß gefleckt wie eine Kuh, ich hatte mir eher etwas Elegantes vorgestellt. Wie die graue Dina. Doch Kaya ließ sich von meiner Zurückhaltung nicht beirren, betrachtete mich und schnurrte weiter und wartete. Schließlich beugte ich mich vor und begann vorsichtig, ihren Bauch zu kraulen. Das Schnurren wurde stärker.

»Okay«, sagte ich, »du meinst wohl, dass wir zusammengehören.«

Warum nicht?, dachte ich. Katzen sind ohnehin nicht beherrschbar, da konnte ich mein Wunschbild auch gleich über Bord werfen. Ich besorgte eine Katzentoilette, Futter und einen Kratzbaum und fuhr am nächsten Tag wieder zum Tierheim, um Kaya abzuholen. Und war bestimmt genauso aufgeregt wie sie.

In ihrem neuen Zuhause verschwand sie erst einmal unter dem Bett. Ich kannte das schon von Dina, dachte, dass ich nun wochenlang Geduld haben müsste – und täuschte mich gründlich. Bereits am selben Abend kam Kaya auf meinen Schoß, ließ sich ausführlich streicheln und kraulen. Nachts belegte sie sofort den Platz im Bett neben mir, an mir, sollte ich wohl besser sagen. Denn sie kroch unter die Bettdecke, schmiegte sich eng an meinen Körper und begann zu schnurren. In dieser Nacht konnte ich nicht schlafen, aus Angst, das Tier zu zerquetschen, wenn ich mich im Schlaf umdrehte. Doch die Sorge erwies sich als unbegründet. Fortan schlief ich jede Nacht mit einer gemütlichen, warmen, schnurrenden – und später leise schnarchenden – Wärmflasche an meiner Seite.

Nur Kaya – mit diesem Namen konnte ich mich nicht anfreunden. Ich fand, die Katze sollte einen Namen bekommen, einen, der zu ihrem Kuhmuster passte. Ich taufte sie Emma – allerdings nur, um nach einiger Zeit festzustellen, dass Emma ein Kater war. Seither heißt er Herr Emma. Er war vom ersten Tag an ein Lichtblick in meinem Singleleben und tat mir gut: Wenn ich nach Hause kam, begrüßte er mich, indem er sich schnurrend auf den Rücken warf und am Bauch gestreichelt werden wollte. Ich war nicht allein. Das gab mir Mut und Kraft in dieser Lebensphase. Und noch heute ist Herr Emma der liebenswerteste Zeitgenosse, den ich mir vorstellen kann. Nie nörgelt er, nie zerstört er etwas. Das Einzige, was er ständig einfordert, sind seine Streicheleinheiten. Jeden Abend liegt er auf dem Sofa auf meinen Beinen, lang hingestreckt, und möchte gekost werden. Sitze ich am Schreibtisch, legt er sich gern auf die Tastatur, auf meinen Arm oder die Maus. Und wenn ich nicht reagiere, baut er sich einfach direkt vor dem Bildschirm auf. Emma ist mein Herzenskater, ich liebe ihn sehr und bin dankbar, dass er mein Begleiter geworden ist.

Herr Emma und ich starteten in ein neues und, ja, auch besseres Leben. Bald spürte ich wieder die Energie in mir, die mir so lange gefehlt hatte. Ich lud Freunde ein, kochte für sie und erfreute mich an den langen, fröhlichen Abenden in meinem neuen Zuhause. Ich ging aus, ins Kino oder zu Konzerten. Und als mein Bruder mit seiner Theatergruppe eine Aufführung in der Stadt hatte, verabredete ich mich mit meinem Cousin Helge. Dieses Ereignis wollten wir uns nicht entgehen lassen.

Als ich reinkam und mir ein Getränk besorgte, verwickelte ich mich als Erstes in ein lustiges Gespräch mit denen, die vor mir in der Schlange standen. Irgendwann hielt ich nach Helge Ausschau, der mich offenbar schon beobachtet hatte.

»Wow, du siehst ja toll aus! Zehn Jahre jünger. Wie früher.«

»Warum?«, wollte ich wissen.

»Na ja, Lederjacke, ein Bier in der Hand und gleich mittendrin, mit wildfremden Menschen, so hab ich dich all die Jahre nicht erlebt.«

Ich strahlte und prostete ihm zu.

»Nico hat ihr verstaubtes Batman-Kostüm wieder aus dem Schrank geholt, wie schön!«

Ja, genau so fühlte ich mich: Ich stand da mitten zwischen den Theaterleuten, plauderte, lachte, fühlte mich wohl. Das Stück mit meinem Bruder war großartig und ich fragte mich, warum ich so lange nicht mehr im Theater gewesen war. Anschließend saßen wir mit allen Schauspielern bis nachts um zwei auf der abgeräumten Bühne. Ich spürte die wiedererwachte Energie in mir, die Lust auf ein neues Leben.

## KAPITEL 2

# Veränderung auf ganzer Linie

In diesem neuen Leben spielte auch meine Arbeit eine nicht unerhebliche Rolle. Ein halbes Jahr vor meinem Ehe-Aus hatte ich mich in einen ganz anderen Beruf gestürzt. Zuvor war ich freie – und äußerst schlecht bezahlte – Journalistin gewesen. Dieser Job hatte mir immer Spaß gemacht, trotzdem hatte ich jahrelang erfolglos nach einem neuen Berufsfeld gesucht, weil ich in den Medien keine Zukunft mehr für mich sah, die mir ein Auskommen sichern würde. Aber die meisten der angebotenen Stellen sollten mit jüngeren Menschen besetzt werden, so war zumindest mein Eindruck. Irgendwann war ich in der Zeitung über die Anzeige eines Bestattungsinstituts gestolpert, das eine Trauerrednerin suchte, und ich hatte einfach angerufen.

»Was muss man genau als Trauerrednerin machen?«, hatte ich gefragt.

»Natürlich müssen Sie zum einen Reden halten«, sagte mir die Dame am Telefon. »Aber die Arbeit ist sehr vielseitig.«

Das klang gut. Ich wollte mehr wissen.

»Normalerweise treffen Sie sich vor der Trauerfeier mit den Angehörigen, um die Feier und den Inhalt der Rede zu besprechen. Außerdem sind Sie dann auch die, die alles ausführt. Das heißt, Sie gestalten die gesamte Trauerfeier.«

Das hörte sich vielversprechend an. Ein völlig neues Berufsfeld. Ich wusste zwar nicht wirklich, was mich erwarten würde. Aber es klang interessant, ich hatte Lust, das Ganze auszuprobieren. Nach einem Vorstellungsgespräch bot man mir einen Arbeitsvertrag an, den ich unterschrieb, obwohl ich bis zu diesem Zeitpunkt noch nie ohne entsetzliche Nervosität vor mehr als zwei Menschen hatte sprechen können. Doch mein Gefühl sagte mir, dass dies der richtige Weg sein würde. Ich hatte mich bislang nicht mehr als andere mit den Themen Tod, Abschiednehmen und Beerdigung befasst, aber ich spürte eine positive Kraft, die davon auf mich ausging, und hörte auf diesen inneren Wegweiser.

So machte ich mit über fünfzig Jahren tatsächlich noch einmal etwas Ähnliches wie eine Lehre und lernte lauter Neues. Ich musste die Musik für die Trauerfeier zusammenstellen, Kondolenzlisten ausdrucken, in die sich die Trauergäste vor der Feier eintrugen, musste Särge und Urnen transportieren, für Kerzen und saubere Leuchter sorgen, den Blumenschmuck und die Kapelle dekorieren, Gestecke entgegennehmen und mit den Angehörigen sprechen, um zu sehen, ob ich vor der Trauerfeier noch etwas für sie tun konnte. War eine offene Aufbahrung gewünscht, so sorgte ich dafür, dass der Verstorbene in seinem Sarg gut und würdevoll aussah. Zum ersten Mal im Leben berührte ich einen toten Menschen. Anfangs fiel mir das nicht ganz leicht, ich war scheu, bald schon aber machte diese Berührungsangst im wahrsten Sinne einer Fürsorge und Wärme Platz. Seltsames passierte: Als ich einmal mit einem Kollegen den Sargdeckel hob, um alles für den Abschied der Angehörigen vorzubereiten, sah ich mir den Verstorbenen an und dachte: Da ist doch noch jemand! Es war mir, als wäre die Seele des Verstorbenen noch da. Mein Kollege schien zu merken, was in mir vorging. »Du siehst es also auch«, flüsterte er. Wir sahen es alle: Es war, als würde der Tote noch einmal auf seine Angehörigen warten, um dann friedvoll gehen zu können. Ich war nie esoterisch gewesen, hatte nie an etwas wie die Seele geglaubt. Das änderte sich nun.

Abgesehen von all den Abläufen und Tätigkeiten lernte ich auch lauter neue Begrifflichkeiten: Katafalk oder Bockfalle zum Beispiel – das Gestell, auf dem der Sarg in der Kapelle steht, und das Tuch, das dieses Gestell umhüllt. Und ich lernte tatsächlich das Sprechen vor Menschen. Nach einiger Zeit machte es mir sogar immer mehr Freude. Bald schon konnte ich auch frei sprechen, hatte nur meine Notizen von den Hausbesuchen vor mir liegen. Ich liebte die Besuche bei den Hinterbliebenen und das Gespräch mit ihnen, mochte es, ihnen auf ihren Erinnerungswegen durch das Leben mit dem Verstorbenen zu folgen. Manchmal gelang es mir, ihnen durch eine Nachfrage oder einen eigenen Gedanken zu dem, was sie mir erzählten, ein Lächeln aufs Gesicht zu zaubern. Dann war ich glücklich. Wenn ich das Gefühl hatte, den Menschen auf ihrem schweren Weg zu helfen, dann war mein Tag gut. Oft war ich abends vollkommen erledigt, mein Kopf quoll über von all dem neu Gelernten. Nach den Arbeitstagen mit all den Eindrücken war ich völlig erschöpft und dennoch außerordentlich zufrieden.

Nachdem ich meinen Umzug bewältigt und alles einge-räumt hatte, stellte ich im Nachhinein noch einmal fest, dass es damals genau richtig gewesen war, auf meinen Bauch zu hören und Trauerrednerin zu werden.

Dann stand die Scheidung an – eine enorme Papier-schlacht. Die Forderungen zwischen den Anwälten gingen hin und her, denn wir besaßen ein gemeinsames Haus, in dem mein Mann geblieben war. Ich hatte also Geld zu er-warten aus dem Anteil, den er mir auszahlen musste. Mein erster Gedanke war: Ich investiere es in eine Eigentums-wohnung. Ich studierte die Angebote in der Umgebung, wollte gern in dem vertrauten Stadtteil bleiben. »Drei-zimmerwohnung mit Terrasse« – das sah doch gut aus. Ich ging zur Besichtigung. »Hier kriegen Sie eine wirklich schöne Wohnung«, sagte der Verkäufer, als er die Tür auf-schloss, »sie ist ganz wunderbar geschnitten, top gepflegt und mit der Terrasse haben sie sogar eine Art Mini-Gar-ten.« Und wirklich: Sie war in hervorragendem Zustand, dazu die niedliche Terrasse mit Blick ins Grüne. Ich hätte mir tatsächlich vorstellen können, dort zu leben. Aber der Preis war exorbitant. Was ich für die Wohnung hätte zah-len müssen, hatte nicht einmal unser ganzes Haus gekos-tet! Die Preise für Wohnungen waren in den letzten Jahren derart drastisch gestiegen, dass das Geld, das ich erwartete, allenfalls für eine Anzahlung gereicht hätte. Den Rest mei-nes Lebens hätte ich den Kredit abstottern müssen. Das wollte ich nicht, denn auch als angestellte Trauerrednerin verdiente ich nicht eben viel. Ich suchte also weiter. Kaufte mir Samstagfrüh die Zeitung mit den Wohnungsanzeigen, studierte sie beim Frühstück und vereinbarte Termine. Ich sah mir alles an, was auch nur irgendwie infrage kam, Wohnungen in teilweise extrem schlechtem Zustand, aber dennoch zu hohen Preisen. Und mit jeder Treppe, die ich hochstieg, mit jeder Tür in eine neue Wohnung, die sich auftat, merkte ich, dass ich diesen Weg nicht gehen konnte und wollte.

Was also dann? Das Geld ausgeben für Klamotten? Reisen? Ein todschickes Auto kaufen? Sparen? All das erschien mir nicht erstrebenswert. Und plötzlich hatte ich Lust auf etwas Neues, fühlte meinen alten Wagemut zurückkehren, der mir schon oft einschneidende Wendungen im Leben beschert hatte. Auch die Ehe war im Grunde ein solches Abenteuer gewesen, denn eigentlich hatte ich niemals heiraten wollen. Doch bei meinem Mann hatte ich das Gefühl gehabt, er sei derjenige, mit dem ich alt werden wollte. Ich mochte seinen abgründigen Humor, seine Affinität zur Sprache, ich liebte es, wenn er Worte erfand, mit ihnen spielte, obwohl er beruflich gar nichts mit Sprache zu tun hatte. Mit ihm hatte ich das Gefühl, angekommen zu sein. Und so hatte ich ihm schließlich einen Heiratsantrag gemacht. Jahrelang hatte es gut geklappt: Verlässlichkeit, ähnliche Ansichten, dieselben Hobbys, Nähe und gleichzeitig Freiräume – eigentlich schienen wir ein perfektes Paar zu sein. Jetzt war die Ehe gescheitert, dieses Abenteuer zu Ende. Und als ich auch innerlich damit abgeschlossen hatte, überkam mich die Lust auf ein neues. Mein Traum drängte an die Oberfläche.

## KAPITEL 3

# Die alte neue Idee

Mit meinem Ehemann war ich regelmäßig gesegelt. Als ich ihn kennenlernte, hatte er schon seit vielen Jahren ein eigenes Segelboot an der Ostsee besessen. Auch ich hatte, kaum dass ich nach Hamburg gezogen war, meinen Segelschein auf der Alster gemacht. War dort mit meiner Freundin Angela gern mit den kleinen Jollen umhergesaust. Doch auf einem größeren Schiff war ich noch nie gesegelt. Mein Mann fuhr fast jedes Wochenende an die Küste auf sein Boot. Ich begleitete ihn, zunächst eher unwillig, weil ich mir nicht vorstellen konnte, all die schönen sommerlichen Wochenenden dort zu verbringen. Bisher hatte ich gern auf meiner Terrasse gesessen, mich mit Freunden zum Radeln getroffen, war ausgegangen ... All das sollte ich ein komplettes halbes Jahr, die Segelsaison über, nicht mehr machen können? Doch ganz allmählich wurde ich infiziert, wollte von mir aus immerzu am liebsten auf dem Schiff sein. Nirgendwo sonst konnte ich so gut abschalten und entspannen. Sobald ich das Boot betrat, war es, als hätte jemand einen Schalter umgelegt, alle Anspannungen und Sorgen, alle Hektik war wie weggeblasen. Ich konnte einfach dasitzen und stundenlang aufs Wasser blicken, schlief an Bord besser als an Land und war quasi ein anderer Mensch: entspannter, fröhlicher, zufriedener.

Im Grunde war das nur logisch, denn ich hatte das Wasser geliebt, solange ich auf der Welt war. Ganz früh schon hatte ich auf die Frage nach meinem Berufswunsch geantwortet: »Ich will Piratin werden!« Als Kind stellte ich mir vor, wie ich als Anführerin von lauter wilden, bärtigen Männern die Meere durchkreuzen würde, mit Augenklappe und Kopftuch, ein Messer quer zwischen den Zähnen. Und wie ich mit Geheul und Geschrei andere Boote entern würde. Ein großes Abenteuer! Das vielleicht auch auf den Urlaub mit meiner Oma Lotte zurückging. Sie hatte mich als Dreijährige mit nach Borkum genommen, wo wir von morgens bis abends am Strand gewesen waren. Ich hatte im warmen Sand gesessen und kleine Sandburgen mit ihr gebaut. Ganz vorsichtig war sie mit mir auch mal ins Meer gegangen. Nur ein paar Schritte, bis zum Knie, damit ich kleines Wesen nicht von der Macht der Nordseewellen umgerissen wurde. Aber einmal war sie sonnenmatt in ihrem Strandkorb eingeschlafen. Als sie erwachte, war ich verschwunden. Panisch suchte sie den Strand nach mir ab und fand mich zu ihrem Entsetzen mitten im Brandungssaum im Meer. Völlig unbekümmert stand ich bis zum Hals im Wasser und suchte nach Seesternen. Die Wellen zupften an meinem Kinderkörper, doch ich hatte meine kleinen Beinchen fest in den Sand gestemmt. Oma Lotte hatte vor Erleichterung beinahe geweint und mich dem mir so geliebten Element entrissen, um mich in Sicherheit zu bringen.

Auch als Jugendliche hatte ich ausschließlich Urlaube am, vor allem aber im Meer gemacht. Ich liebte die Weite, das Geräusch der Wellen, den Duft. Mit meinem Vater war ich oft und weit hinausgeschwommen, wir hatten immer kleine Wettschwimmen veranstaltet. Einmal auf einer kleinen Insel in der Bretagne stand ich stumm vor Begeisterung da und betrachtete die riesigen Wellenberge des vom Sturm aufgewühlten Atlantiks, die an den Strand rollten, vier, fünf Meter hoch. Ich hatte noch nie solche Wellen gesehen, am liebsten wäre ich sofort hineingesprungen. Ich erinnere mich noch genau daran, wie die Menschen alle nur am Wasserrand standen und aus sicherer Entfernung das Spektakel beobachteten. Meinen Vater und mich aber zog es an den Meeressaum. Da standen wir, im tosenden Wasser, das uns fast von den Beinen riss, und kreischten vor Wonne.

Ich wusste zwar um die Gefahren des Meeres, doch sobald das Wasser auf meine Haut brandete, überkam mich ein wohliges Gefühl, sodass ich manchmal wagemutig selbst bei starkem Wellengang badete. Ich war als Kind und Jugendliche in jeden Bach, in jeden Teich gesprungen, hatte früh schwimmen gelernt und mich gelegentlich gewundert, keine Schwimmhäute bekommen zu haben. Selbst das Schulschwimmen im Schwimmbad, das alle anderen hassten, mochte ich. Nicht so sehr das Kraulen oder Tauchen, die Sprünge vom Sprungbrett und die Wettbewerbe. Viel lieber zog ich einfach im warmen Wasser meine Bahnen, das hatte für mich etwas Beruhigendes. Im Wasser zu sein oder in seiner Nähe, das kam für mich dem Paradies ganz nahe.

Das regelmäßige Segeln mit meinem Mann nährte diese Wasserleidenschaft. Wenn im Herbst das Boot an Land gezogen wurde, stand ich mit Tränen in den Augen da, weil nun die lange segellose Zeit begann. Im Frühjahr, wenn wir das Boot wieder ins Wasser ließen, hatte ich ebenfalls Tränen in den Augen, diesmal vor Freude. Und wenn wir dann das erste Mal auf der Trave gen Ostsee segelten, war ich der glücklichste Mensch. Noch waren die Bäume kahl, nur ein feiner grüner Schimmer umhüllte sie. Ich freute mich unendlich, die vertraute Landschaft wiederzusehen, den Wind in den Haaren zu spüren und das Gluckern der Wellen am Rumpf zu hören. Oft sagte ich zu meinem Mann, wenn ich übers Meer schaute: »Guck mal, dieses Licht, so habe ich das noch nie gesehen!« Er quittierte das mit einem Schmunzeln, denn er erfreute sich an meiner Wasserbegeisterung. Ich liebte es, stundenlang die wechselnden Lichtstimmungen über dem Wasser zu beobachten, und konnte mich daran nicht sattsehen. Es hatte etwas Meditatives für mich, mitten auf dem Wasser zu sein, umgeben vom Meer, das immer unterschiedlich aussah. Mal überraschte es mich mit einem tiefen Blau, dann wieder war es grau, ins Grünliche spielend. An stürmischen Tagen krönten schneeweiße Gischtkämme das aufgewühlte, grüne Wasser. Hier war ich glücklich, hier war ich ganz bei mir.

An Bord waren mein Mann und ich ein perfektes Team. Er hatte mir viel über das Segeln beigebracht. Mit der Zeit war ich sicherer und irgendwann eine richtig gute Seglerin geworden, die so ziemlich allen Stürmen gewachsen war. Nur einmal gerieten wir in schwere See. Wir wollten uns nach unserem Segelurlaub in Dänemark wieder auf den Heimweg machen, hatten von Møn aus viele Seemeilen über das offene Wasser vor uns, als uns auf halber Strecke ein Sturm erwischte.

»Lass uns in den nächsten Hafen fahren«, schrie mein Mann gegen den Wind.

»Ja, auf jeden Fall, das wird sonst zu heftig«, brüllte ich zurück. Doch der kleine Motor schaffte es nicht, das Schiff gegen die Strömung in den Hafen zu bringen.

»Wir fahren rüber auf den Darß«, rief mein Mann. »Auf dem Kurs sind Wind und Wellen mit uns, das schaffen wir!«

Mit nur einem winzigen Vorsegel schoss unser Boot durch die meterhohen Wellen, Regen vernebelte die Sicht. Mein Mann hatte die Pinne fest in der Hand, ich klammerte mich am Boot fest, um nicht über Bord zu gehen. Quasi ohne Worte wusste jeder, was zu tun war, wir konnten uns blind aufeinander verlassen. Wir sausten mit unfassbarer Geschwindigkeit durch die Wellen. Da sah ich vor uns plötzlich das Verkehrstrennungsgebiet – sozusagen die Autobahn auf dem Meer, die Fähren und Containerschiffe nutzen, Sportboote dürfen diese Trennungsgebiete nur auf kürzestem Weg kreuzen und die Berufsschifffahrt nicht behindern.

»Achtung«, schrie ich gegen den tosenden Lärm, »da hinten kommen große Schiffe!«

»Ich kann den Kurs nicht ändern, dann kentern wir«, rief mein Mann.

Wir schossen immer weiter auf die schwimmenden Riesen zu, ohne dass wir irgendetwas tun konnten – und sie stoppten.

»Wir können durch«, schrie ich, »die Frachter halten an.«

Den Kapitänen war ganz offensichtlich klar, dass sie uns hätten retten müssen, wenn wir ausgewichen – und gekentert – wären. Aber damit war die Gefahr noch nicht überstanden. Die rauschende Fahrt dauerte Stunden. Irgendwann konnten wir sogar den Darß sehen, doch wir gelangten nicht hin. Unser Motor war der starken Strömung durch den Südweststurm in der Bucht nicht gewachsen. Uns blieb nichts anderes übrig, als die Seenotrettung zu Hilfe zu rufen. Mein Mann griff zum Funkgerät:

»Moin, wir kommen nicht in den Hafen, könnt ihr uns holen?« Er klang ganz routiniert, er vertraute offenbar darauf, dass alles glattgehen würde. Und tatsächlich: Bald schon brauste eines der PS-starken und wendigen Boote auf uns zu, nahm uns an die Leine und schleppte uns in den Hafen. Wir waren gerettet!

Ansonsten war das Segeln aber meistens weniger nervenaufreibend und Wind und Wellen brachten uns meist dorthin, wo wir hinwollten. Und da mein Mann und ich uns auf dem Schiff immer am wohlsten fühlten, war auf dem Segelboot auch die Idee entstanden, uns ein Hausboot zu suchen. Wir wohnten damals noch in einem kleinen Häuschen und zahlten einen Haufen Miete. So kam uns der Gedanke, dass wir stattdessen etwas Eigenes erwerben könnten. Ich hatte angeregt, nach einem Hausboot Ausschau zu halten. Doch auf der Suche nach einem Schiff, einem Liegeplatz, hatte sich die Idee zerschlagen. Damals gab es die ersten Plätze im Eilbekkanal, ein Architektenwettbewerb wurde ausgeschrieben. Wir hatten uns die Bedingungen angesehen, aber nur den Kopf geschüttelt. Offensichtlich sollten dort höchst moderne Ponton-Hausboote hingelegt werden. So etwas wollten wir nicht – und hätten es uns auch nicht leisten können. Wir hatten von einem richtigen Schiff geträumt, das wir entweder selbst ausbauen könnten oder das – noch besser –

schon fertig wäre. Aber wir fanden nicht das richtige. Und so waren wir letztlich nicht auf dem Wasser gelandet, sondern in einem ganz normalen Einfamilienhaus an Land.

All das war viele Jahre her. Wir hatten die Hausboot-idee ad acta gelegt. Aber jetzt nach der Trennung kam sie mir wieder in den Sinn. Der alte Traum kam wieder an die Oberfläche. Offenbar hatte er nur geschlafen und wachte nun wieder auf. Und er erschien mir noch reizvoller als damals: jeden Tag übers Wasser blicken zu können, nicht nur wie früher, am Wochenende auf dem Segelboot. Keine Nachbarn mehr zu haben, sondern frei und unbeobachtet zu leben. Ein eigenes Haus zu besitzen, das nur mir gehörte, eines, das schwankte, das stellte ich mir unfassbar schön vor. Ein Hausboot schien mir der Schlüssel, um mich aus meiner Krise zu führen, eine Möglichkeit, meinem Leben einen neuen und guten Sinn zu geben. Und so malte ich mir das Leben auf dem Wasser in den allerschönsten Farben aus. In meiner Vorstellung war es immer Sommer.

Doch je länger ich mich mit damit beschäftigte, desto mehr Bedenken mischten sich auch in die Träumereien. Ich wusste, was das Leben in einer Wohnung bedeutete, aber wusste ich auch, was mich wirklich erwarten würde, wenn ich ganz aufs Wasser zöge? Ich stellte mir vor, dass ich einsam sein würde. Ich hatte Sorge, ob ich einem eigenen Hausboot und all den Herausforderungen, die das mit sich brächte, auch gewachsen sein würde. Plötzlich fand ich meinen Wagemut übertrieben, wusste nicht mehr, ob ich diesen Weg wirklich einschlagen wollte. Ich zog meine Freunde und meine Familie zurate, diskutierte mit ihnen hin und her, ob ein Hausboot wohl das Richtige für mich wäre, ein neues

Lebensziel. Edith, stets auf Sicherheit bedacht, sagte: »Kauf dir lieber eine Eigentumswohnung! Da kannst du bis ans Lebensende wohnen bleiben. Und wenn du doch was anderes willst, verkaufst du sie einfach wieder. Ein Schiff wirst du sicher nicht so schnell wieder los!«

Alex meinte nur trocken: »Wo soll das Ding denn liegen? Willst du etwa von mir wegziehen? Dann können wir uns ja gar nicht mehr so häufig sehen.«

Meine Familie hingegen und die meisten meiner Freunde rieten mir, ich solle meinen Traum verwirklichen: »Das ist doch eine tolle Möglichkeit, dir dein eigenes Leben aufzubauen. Na los, sei mutig. Die alte Nico ist doch wieder da, die schafft das schon!«

## KAPITEL 4

# Vom Suchen und Finden

Eines schönen Frühlingstages, wie es sie nur im Norden Deutschlands gibt, mit duftigen Schäfchenwolken, leichtem, warmem Wind und klarer Sonne, sammelte ich meine Freundin Angela an der S-Bahnstation auf und fuhr mit ihr wieder in die Vierlande auf der Suche nach einem Liegeplatz für mein künftiges Domizil. Ich hatte zwar noch kein Boot, aber da ich noch von der damaligen Hausbootsuche mit meinem Mann wusste, dass es deutlich schwieriger ist, einen Liegeplatz für ein Hausboot zu finden als das Schiff selbst, nahm ich zunächst diesen Schritt in Angriff.

Warum gerade in die Vierlande? Nun, hier ist die Elbe nicht so stark beschifft, es gibt viele Nebenarme, kleine Flüsschen und eine Menge Sportboothäfen. Darum dachte ich, hier könnte es am ehesten einen geeigneten Liegeplatz geben. Etwas Seltsames passierte, als ich in diesen Stadtteil kam, der gar nicht mehr städtisch wirkt, sondern ganz und gar ländlich: Ich fühlte mich, als würde ich nach Hause kommen. Es war, als würde meine Seele aufatmen, als wäre ich angekommen. Ich verliebte mich auf der Stelle in die Landschaft. Und nun wollte ich erst recht hier einen Liegeplatz finden. Gemeinsam klapperten wir zahlreiche Häfen ab. Wir lernten unwillige Hafenmeister kennen, die ganz bestimmt keine Hausboote bei sich liegen haben wollten. Mancherorts stiegen wir über Zäune und riefen bei ausgehängten Telefonnummern an. Oft wurden wir weiterverwiesen, wir sollten doch mal hier oder dort nachfragen. Es war mühsam, aber auch hilfreich, direkt vor Ort gleich einen Eindruck vom jeweiligen Hafen und dem Umfeld zu bekommen. Und im Austausch mit Angela klärte sich meine Einschätzung meist schon nach wenigen Minuten. Einmal stolperten wir in ein unübersichtliches Hafengelände voller alter Schiffe, überall rosteten Metallteile vor sich hin. Doch am Ende des Hafens gab es einen Steg. Und an dem lag etwas ganz Wunderbares.

»Jetzt schau dir das mal an«, sagte ich zu Angela, »da liegt ein alter niederländischer Kahn.« Diese Schiffe haben eine ganz bestimmte Form, einen flachen Kiel, einen sogenannten Plattboden, oft sind sie aus Holz gebaut und besitzen meist große Fenster. Sie sehen aus wie gemütliche Dschunken und wirken sehr einladend. Wir klopften an die Tür des ganz in Weiß und Blau gehaltenen Bootes und eine Frau öffnete die Tür.

»Moin, ich bin Nicola und auf der Suche nach einem Liegeplatz für ein Hausboot«, stellte ich mich vor.

»Na, dann kommt mal rein«, lud sie uns ein, »ich heiße Carina.«

Staunend betraten wir ihr Boot. Es war hell und geräumig, alte Möbel verliehen dem Ganzen eine urgemütliche Atmosphäre, ich wäre am liebsten gleich eingezogen. Bei Kaffee und Kuchen sprachen wir über das Leben auf einem Schiff.

»Ich möchte nie wieder an Land wohnen«, sagte Carina, »es ist hier so schön – wenn das Schiff schwankt, wenn ich aufs Wasser gucken kann. Wo soll ich so was in der Stadt kriegen?«

Sie konnte gut verstehen, dass auch ich aufs Wasser ziehen wollte.

»Aber Achtung«, lachte sie, »wenn du erst mal so gelebt hast, dann willst du nie mehr in eine normale Landwohnung zurück.«

Das Risiko wollte ich gern eingehen. Und in ihrem Hafen, in dem es auch noch andere Hausboote gab, war sogar ein Liegeplatz frei. Sofort stellte ich mir vor, wie es sein müsste, in dieser kleinen Community zu leben. Doch dann ließ ich meinen Blick schweifen: Bei näherer Betrachtung war die Bucht nicht wirklich schön, auf der anderen Seite gab es einen schmuddeligen Werftbetrieb, der offenbar viel Lärm verursachte. Noch dazu kam hier laut Carina nur ein Plattbodenschiff infrage, da der Hafen bei Ebbe trockenfiel, was außerdem Gestank verursachte. Alles nicht ganz optimal, befand ich, bedankte mich herzlich bei Carina, stieg mit Angela wieder ins Auto und steuerte weitere Häfen an.

Meist stießen wir auf Männer, denen sie gehörten. Manch einer dieser Hafenmeister war skeptisch und schien zu denken: Da kommen zwei Stadtpflanzen an, die sich eine spinnerte Idee in den Kopf gesetzt haben, denen werden wir die Flausen gleich mal austreiben. Aber wenn wir erst mal ein paar Worte gewechselt hatten, tauten sie meist auf und merkten, dass wir nicht ganz und gar unbedarft waren. Einer war sogar bereit, uns auf ein Hausboot zu lassen, das gerade gebaut wurde. Ich kletterte auf dem halb fertigen Ding herum, kritisch beäugt vom Hafenmeister.

»Wie ist das Schiff aufgebaut?«, fragte ich.

»Sandwichbauweise«, lautete die schmallippige Antwort, »dazwischen 'ne Dämmung, damit das Ding winterfest ist. Hat auch 'nen Antrieb, damit hast du 'ne Sportbootzulassung und kannst in jedem Hafen liegen.«

Aha, gut zu wissen, dachte ich, ein eher kleines Schiff mit Antrieb kann also überall liegen.

So trugen wir im Laufe des Tages viele Informationen zusammen und hatten am Ende drei Liegeplätze im Angebot. Immerhin.

Der Ausflug hatte eine Menge Spaß gemacht, noch dazu war er von Erfolg gekrönt gewesen. An diesem Tag kam mir das Ganze wie ein Abenteuer vor. Es war wie ein Gedankenspiel, das ich mit den Liegeplätzen, die ich im Angebot hatte, von A bis Z durchgehen konnte: Was wäre, wenn ... Zu diesem Zeitpunkt noch aus der komfortablen Situation heraus, dass ich jederzeit hätte sagen können: »Ich lasse das Ganze sein und bleibe in meiner Wohnung.« Aber die Landschaft ging mir nicht mehr aus dem Sinn, das viele Wasser, das glitzernd in der Sonne gelegen hatte. Auch Carina, die schon so lange und ganz selbstverständlich auf ihrem Schiff lebte, spukte weiter durch meine Gedanken. So wollte ich auch leben. Ich musste nur noch das passende Schiff finden.

## KAPITEL 5

# Château d'eau

Zunächst musste ich mir klarwerden, was ich mir eigentlich wünschte: ein neues Schiff oder ein altes zum Selbstausbauen? Dazu verschaffte ich mir im Internet einen Überblick über die Angebote und mailte sie an Angela weiter, um mich mit ihr zu beraten.

»Guck mal!«, schrieb ich und schickte ihr das Bild eines modernen Hausbootes. »Ist das nicht chic?«

»Toll«, fand auch sie, »aber ziemlich klein und ziemlich teuer.«

»Dafür ist es aber es technisch auf dem neuesten Stand, man kann damit fahren und es ist so gedämmt, dass ich im Winter nicht viel heizen muss.«

Wir stöberten weiter auf den verschiedenen Bootsplattformen und beim Vergleichen merkte ich, dass mein Herz doch bei den alten Schiffen höherschlug. Ich zeigte Angela ein altes niederländisches.

»Das ist ja gemütlich«, kam ich gleich ins Schwärmen. Es war ein Schiff mit Plattboden, das wirklich hübsch aussah, mit toller Raumaufteilung und durchdachter Technik. »Es gibt sogar eine kleine Terrasse.«

»Wenig Licht«, fand Angela, die sich schnell in die Details eingefuchst hatte und im Gegensatz zu mir alles mit kühlem Kopf begutachtete. »Da hockst du immer unter Deck und kannst nicht rausgucken. Willst du das?«

Der Blick auf den Preis erübrigte weitere Überlegungen.

Parallel zur Internetrecherche ging ich den Tipps nach, die ich bei der Liegeplatzsuche erhalten hatte. Ich fuhr zu Werften und schaute mir die schönen Schiffe an, die sie bauten und sogar fahren konnten, die sich aber als zu teuer entpuppten und letztlich nicht das waren, was ich wollte. Ich antwortete auf Kleinanzeigen, die Hausboote zum Verkauf anboten, kroch unter Deck durch düstere Dauerbaustellen, an denen schon viele Hausbootträumer herumgeschraubt hatten.

Einmal traf ich mich mit einem mürrischen Mann, lange Haare, Bart, schmuddelige Klamotten.

»Du willst also auf einem Hausboot wohnen?« Kritisch beäugte er mich von oben bis unten, als wäre ich eine von denen, die keine Ahnung haben und trendy wohnen möchten. Er selbst wollte mir ganz offensichtlich während der Besichtigung den Eindruck vermitteln, er sei ein echter Hausbootbesitzer. »Das Wohnen auf dem Wasser ist nicht für jeden was«, meinte er von oben herab. »Die Leute stellen sich das immer so cool vor, aber man muss auf vieles achten.«

»Auf was denn?«, bohrte ich nach.

»Erst mal musst du einen Liegeplatz haben«, belehrte er mich. »Mit einem Schiff wie diesem kannst du überall liegen, mit einem von diesen Ponton-Hausbooten wie am Eilbekkanal nicht. Dies hier ist ein echtes Schiff, das von jedem Hafen aufgenommen wird. Außerdem musst du dich um die

Ver- und Entsorgung mit Wasser und Energie kümmern. Dieses Schiff hat große Tanks, damit ist das kein Problem.«

Doch sein Boot war keineswegs so perfekt, wie er mir weismachen wollte. Aber ich hatte inzwischen einen geschulten Blick. Es war eine Katastrophe, ein Fass ohne Boden, viel Arbeit, die ich allein neben meinem Job niemals hätte bewältigen und vermutlich auch finanziell nicht hätte stemmen können. An vielen Ecken des maroden Kutters hatte er schon herumgeschraubt, alles war düster, nirgends gab es einen Blick aufs Wasser. Ich stolperte über lose Kabelenden, rüttelte an der Verkleidung, die mir daraufhin entgegenpurzelte. Er hatte offenbar ohne Konzept mal hier, mal dort herumgebastelt.

»Sag mal, machst du das alles vorm Verkauf noch fertig?«, wollte ich wissen.

»Nee, das musst du schon machen. Kannst du das überhaupt?«

»Klar kann ich das, aber du hast hier ja einen ziemlichen Schrotthaufen, alles angefangen, nichts weitergemacht und alles ohne Sinn und Verstand«, gab ich – ebenso hochnäsig – zurück. »Das ist nicht das Richtige für mich, ich weiß ja gar nicht, was ich da später noch für Schäden finde.«

»Dann eben nicht. Du siehst das Potenzial des Schiffes eben nicht.«

Das sah ich in der Tat nicht. Schmunzelnd verabschiedete ich mich von dem Schrat, sollte er sein Schiff doch jemand anderem verkaufen.

Was ich im Laufe der Zeit merkte, war, dass ich auf keinen Fall in einem dunklen Loch unter Deck sitzen wollte. Nein, ich wollte unbedingt das Wasser sehen. Schließlich fand ich im Internet einen Architekten in Oldenburg, meiner Geburtsstadt, der alte Seecontainer zu Wohnungen und Häusern umbaute. Also machte ich bei einem Elternbesuch einen Termin mit ihm in seinem Büro, das sich ebenfalls in einem alten Container befand – ein tolles Ding, ich war ganz begeistert. Irgendwie erschien mir die Verbindung Hausboot/Seecontainer logisch und dazu noch schön.

»Wenn Sie daraus ein Hausboot machen wollen, brauchen Sie einen großen Ponton, damit er stabil genug ist«, meinte der Architekt. »Aber ich kann mir nicht vorstellen, dass Sie dafür einen Liegeplatz finden, der groß genug ist. Das ist illusorisch. Aber man kann das Ganze wahlweise auch in eine alte Schute setzen.«

Er erklärte mir, das seien antriebslose große Schiffe, die von anderen Schiffen geschleppt würden. Der Container könne so auf diesen Kahn gesetzt werden, dass ich unten einen Keller hätte, obendrauf würde dann mein Haus thronen. Das hörte sich wahrlich königlich an.

Ich fuhr also zurück nach Hamburg mit dem Vorsatz, mich auf die Suche nach einer Schute zu machen. Doch bald schon wurde klar, dass diese Lösung, selbst mit einem gebrauchten Kahn, ziemlich teuer werden würde: mehrere Hunderttausend Euro. So viel Geld hatte ich nicht zu erwarten. Langsam neigte sich das Jahr dem Ende zu, mit den ersten Herbststürmen wurde es ungemütlich draußen. Aber inzwischen wusste ich immerhin, was ich wollte: Es sollte ein altes, möglichst fertig umgebautes Schiff werden.

Da fand ich bei eBay Kleinanzeigen unter dem Suchbegriff »Wohnschiff« Bilder und folgende Beschreibung: »Château d'eau zu verkaufen. Jahrgang 1959, ehemaliges

Hafenarbeiterschiff, umgebaut zur Sommerresidenz, Heizung vorhanden, vollständig möbliert.« Sah ganz gut aus, das Ding. Die Fenster wirkten ein bisschen klein, vermutlich wenig Licht also. Aber je länger ich die Fotos betrachtete, desto reizvoller erschien mir dieses Schiff. Im Prinzip schien es alles zu haben, was ich mir wünschte: Es war ziemlich groß, zweiundzwanzig mal fünf Meter, keine winzige Butze also wie die neuen Ponton-Hausboote, die ich mir hätte leisten können und in denen man nichts unterbringen konnte. Und es war ein Schiff mit einer Geschichte, etwa so alt wie ich, das gefiel mir. Ich schrieb hin und vereinbarte einen Termin. Was hatte ich schon zu verlieren? Es war November, es schneite.

## KAPITEL 6

# Zähe Verhandlungen

Ich hatte mich also in diesem unfreundlichen Monat November mit Angela aufgemacht und das erste wirklich interessante Schiff namens Château d'eau besichtigt. Ich war gleich so verliebt gewesen, dass ich mir nichts anderes mehr vorstellen konnte.

Und doch war ich mir unsicher: Zwar hatte ich mir schon einiges angesehen, aber nichts davon war wirklich infrage gekommen. Aber gleich beim ersten schönen Schiff zuschlagen? Ich muss mir doch noch Alternativen anschauen und erst dann entscheiden, dachte ich mir. Man kauft ja auch nicht gleich das erstbeste Haus, die erstbeste Wohnung, man vergleicht Preise, Wohngegenden und Ausstattung.

Ich erinnerte mich an die Zeit, als ich mit meinem Mann ein Haus gesucht hatte. Vor allem ich war es gewesen, die intensiv gesucht und allerlei Besichtigungstermine vereinbart hatte. Doch als es schließlich um das Haus ging, das wir am Ende kauften, war es mein Mann gewesen, der entschied. Ja, der Garten hatte mir gefallen, aber das Haus an sich war mir zu kleinteilig erschienen. Es besaß lauter verschachtelte Zimmerchen, wirkte eher düster auf mich. Aber meinem Mann gefiel das Haus, er wollte es unbedingt haben. Und ich hatte mich ihm bei der Entscheidung, wie so oft, angeschlossen, wie ich stets zu all seinen Entscheidungen ja gesagt hatte. Meine eigenen Gefühle spürte ich gar nicht. Meinem Mann kann ich auch im Nachhinein keinen Vorwurf machen, ich hätte damals ja sagen können, dass ich lieber nach einem anderen Haus suchen wollte. Stattdessen hatte ich das Leuchten in seinen Augen gesehen und hatte ihn einmal mehr glücklich machen wollen. Wir hatten das Haus mit viel Energie umgebaut, sodass es heller und damit auch in meinen Augen schöner wurde. Ich hatte mich dort immer wohlgefühlt, es war für viele Jahre mein Zuhause geworden. Stolz hatte ich allen Freunden Fotos vom Urzustand des Hauses gezeigt und mich an ihrer Ungläubigkeit geweidet angesichts dessen, wie das Haus nach unseren Arbeiten an Schönheit, Licht und Klarheit gewonnen hatte.

Doch als ich das Hausboot betreten und mich auf der Stelle verliebt hatte, wusste ich, was mir die ganze Zeit gefehlt hatte: Es war diese Großzügigkeit, diese Weite, das unendlich viele Licht, die ruhige Struktur der Räume, die mich so ansprachen. Und nun konnte ich mich nicht mehr hinter meinem Mann verstecken, ihn entscheiden lassen. Ich musste selbst eine Entscheidung fällen. Die Frage, die ich dafür klären musste, war: Was wollte ich wirklich?

Ich sprach mit meinen Freunden und meiner Familie. Meine österreichische Freundin Maria besah sich die Fotos und meinte nur: »Es ist das, was du gesucht hast, warum zögerst du?« Maria kennt mich außerordentlich gut. Wir haben uns über das Internet kennengelernt, als ich auf einer Gartenplattform nach einer bestimmten Pflanze, einer Distelart, suchte. Sie hatte ein Exemplar davon in ihrem Garten und schrieb mir mit dem Versprechen, mir die Pflanze zu schicken. Daraus entspann sich ein ausgesprochen seltsamer Kontakt.

Maria schrieb mir: »Klar schicke ich dir die Pflanze, aber erzähl mir doch ein bisschen was über dich. Wie lebst du, was arbeitest du?«

Oh je, hatte ich gedacht, was will die denn von mir, warum soll ich einer wildfremden Frau etwas über mich schreiben, wenn ich doch nur eine Pflanze will? Aber meine Eltern haben mich zur Höflichkeit erzogen. Also schrieb ich zurück, erzählte ein bisschen von mir und fragte nun meinerseits: »Und wie und wo lebst du, bist du verheiratet, hast du Kinder, was arbeitest du?«

Nun beantwortete auch sie mir meine Fragen. Aber das war erst der Anfang. Sie schrieb: »Du bist Journalistin, das ist ja toll, für wen schreibst du denn und worüber?«

»Für eine große Zeitschrift, allerdings als freie Journalistin. Und nebenher arbeite ich in einem Verlag, der Fernsehzeitschriften macht. Aber nur, um die laufenden Kosten zu sichern, Spaß macht das nicht!«

Selbstverständlich wollte Maria Genaueres dazu wissen. Und schrieb mir im Gegenzug, was ihr Leben prägte. So ging es immer weiter, bald waren mir die täglichen Mails sehr wichtig geworden.

Maria erzählte mir später: »Ich kenne niemanden, der so schön schreibt. Diese Frau wollte ich näher kennenlernen.«

Das also war der Grund für ihre Beharrlichkeit gewesen! Unser Mailwechsel wurde immer intensiver und vertrauter. Ein Jahr lang ging das so, dann beschlossen wir, uns zu treffen. Wir vereinbarten dafür einen Ort auf halber Strecke – Bamberg – und reisten beide mit dem Zug an. Ich war eher da und stand auf dem Bahnsteig und wartete auf eine Frau, die ich lediglich von Fotos kannte, die sie mir geschickt hatte. Da sauste eine schmale Person an mir vorbei und ich schrie: »Maria, bist du das?« Sie war es. Aber sie hatte mich nicht erkannt, hatte mich mit meinen kurzen Haaren für einen jungen Mann gehalten. Es war eine tiefe und eigentümliche Vertrautheit, die wir beide sofort spürten, als wir uns gegenüberstanden – eine Vertrautheit, die ja nur durch unsere Mails entstanden war und nun Gestalt annahm. In Bamberg hatten wir uns ein kleines Hotel gesucht, in dem wir logierten. Wir beide empfanden die gleiche Freude über die behaglichen Zimmer, freuten uns über die selbst gemachte Marmelade, die es zum Frühstück gab. Wir schlenderten durch die Stadt, besichtigten die alten Gebäude und gingen in eine kleine Kirche.

»Sieh mal, da gibt's heute Abend ein Konzert, wollen wir uns das anhören?«, schlug Maria vor.

»Gute Idee, lass uns das machen.«

Als wir am Abend in der kleinen Kirche der Musik lauschten, wanderte mein Blick an die Decke des Gebäudes. Dort sah ich zauberhafte Fresken, lauter duftige Blüten.

»Das passt zu uns Pflanzenliebhaberinnen«, flüsterte ich Maria zu.

Bei unserer Entdeckungsreise durch Bamberg stellten wir schnell fest: Unser Gefühl, das durch die Mails entstanden war, hatte uns nicht getrogen: Wir mochten uns, wir wurden Freundinnen.

In den folgenden Jahren versuchten wir, uns mindestens einmal jährlich zu sehen, gern auch mit unseren Männern. Maria nannte mich Herzensschwester. Manchmal begegnet man im Leben einem Menschen, der seelenverwandt ist. Bei Maria und mir war es so. Auch die Entfernung stand unserer engen Bindung nicht im Wege. In unseren Mails vertrauten wir uns alles an. Und genau diese Freundin fand nun, dieses Schiff sei das richtige.

Auch meine Familie und meine Hamburger Freunde, denen ich allen die Fotos gezeigt hatte, standen hinter mir und bestärkten mich: »Kauf das Schiff!« Ich ließ mir Zeit, wog Vor- und Nachteile ab und manchmal beschlichen mich Sorgen, ob ich mir mit einem Hausboot nicht zu viel zumuten würde. Doch mein Wagemut brach sich schließlich Bahn, ich hörte auf meinen Bauch. Auch der sagte mir laut und deutlich: »Kauf dieses Schiff, etwas so Wunderbares findest du so schnell nicht wieder.«

Also nahm ich meinen ganzen Mut zusammen und rief den Verkäufer an. Mein Herz klopfte wie wild.

»Ich würde die Château d'eau tatsächlich gern haben, wenn wir uns über den Preis einigen können.«

»Da lässt sich sicher noch was machen.«

Der Verkäufer war nur der Vermittler, die Besitzer waren schon nach Thailand ausgewandert. Er musste immer Rücksprache halten und das dauerte. Geduld war leider noch nie meine Stärke, ich drängte:

»Was sagen die Besitzer, akzeptieren sie meinen Preis?«

»Nein, der ist ihnen zu niedrig, da müssen Sie schon noch ein bisschen mehr drauflegen.«

»Würde ich ja gern«, sagte ich, »aber ich kann nicht, mehr Geld habe ich leider nicht.«

Ich wandte so ziemlich alle Tricks an, die ich je gelernt hatte – und zwar von meinem Vater. Vor seinen Fähigkeiten als Händler war niemand sicher. Doch irgendwann meinte er: »Jetzt ist es aber mal gut, nun musst du den Preis akzeptieren, du bist ja schlimmer als ich!« Doch ich handelte weiter, denn ich dachte, das Boot würde mir gehören, wenn es denn so sein sollte. Und wenn nicht, dann eben nicht. Es war eine Art trotziger Mut, der mich immer wieder beflügelte. Manchmal erkannte ich mich selbst kaum wieder. War das wirklich die Frau, die jahrelang entschlusslos und müde herumgedümpelt war? Nein, da war eine andere zum Vorschein gekommen. Eine, die an ihrem Traum festhielt und alles dafür tat, ihn Wirklichkeit werden zu lassen.

Zeitgleich trat ich in Verhandlungen mit meinem zukünftigen Exmann.

Über das Geld mussten wir uns zunächst einigen – immerhin war es ein ganz schöner Batzen. Ich erzählte ihm von dem Schiff, damit er verstand, welchen Betrag ich brauchen würde. Ich erklärte ihm: »Ich will nur dieses Schiff, sonst nichts. Dafür muss ich sofort zehntausend Euro anzahlen.«

»Die kannst du haben«, sagte er.

»Ja, das ist das eine, aber bis Ende April muss ich den Rest bezahlt haben, sonst geht das Boot wieder zurück auf den Markt und meine Anzahlung ist auch weg.«

Ich versuchte es auch bei den Banken. Aber sie wollten einen etwaigen Fehlbetrag nicht finanzieren, schließlich war das Schiff im Gegensatz zu einem Haus keine Immobilie, sondern eine Mobilie, mit der ich einfach irgendwohin hätte entschwinden können. Eine solche Finanzierung war in den Bankstatuten nicht vorgesehen.

Ich versuchte es wieder bei meinem Noch-Ehemann, sagte ihm, dass unser gemeinsames Haus eine Altersversorgung für mich gewesen sei.

Daraufhin gab er mir das Geld für den Bootskauf zum benötigten Termin.

Nun gab es auf der anderen Seite ein neues Problem. Der Verkäufer teilte mir mit: »Es gibt noch einen weiteren Interessenten. Der will sogar den aufgerufenen Preis bezahlen.«

Inzwischen hatte ich mich so darauf fixiert, dass das Schiff meins werden würde, dass ich an diesem Punkt die emotionale Schiene einschlug:

»Finden Sie nicht auch, dass das Schiff und ich zusammengehören?«

»Ja, irgendwie passen Sie dahin, ich denke, wir kriegen das hin.«

Und ich hatte Glück. Der Verkäufer verschwieg den Besitzern in der Ferne den neuen Interessenten.

Irgendwann waren alle Seiten ausverhandelt, ich hatte sie da, wo ich hinwollte. Ich bekam mein Geld – genauso viel, wie das Schiff nach meinen Verhandlungen kosten sollte. Manchmal war ich zu dieser Zeit überrascht über meinen Mut, meine Zähigkeit. Irgendwie hatte ich mir wohl gar nichts mehr zugetraut. Früher, vor meiner Ehe, war ich ähnlich beharrlich gewesen, wenn ich mir etwas in den Kopf gesetzt hatte. Doch dass ich nun zu meiner alten Stärke, zu meinem alten Mut zurückfand, das fühlte sich für mich an wie ein Rausch. Ich hatte nicht mehr damit gerechnet, noch so viel Kraft und Durchsetzungswillen zu haben. Zu diesem Zeitpunkt hatte ich sämtliche Zweifel über Bord geworfen, ich war mir sicher: Das wird was werden!

Dann war es so weit. Das Geld war auf dem Konto. Ich vereinbarte einen Termin mit dem Verkäufer, rief bei der Bank an und bat darum, eine entsprechend große Menge Bargeld bereitzuhalten.

»Kannst du bitte als Zeugin mitkommen?«, fragte ich meine Freundin Nina.

»Klar, bei dem Moment will ich unbedingt dabei sein!«

In der Nacht vor der Übergabe konnte ich nicht schlafen, wälzte mich von einer Seite auf die andere und dachte immer wieder: »Ist das wirklich der richtige Weg?« Am Morgen sah das Ganze dann wieder anders aus, ich war zwar aufgeregt, gleichzeitig aber voller Vorfreude. Überpünktlich machte ich mich auf zu meiner Hausbank, wo Nina schon auf mich wartete.

»Ich hab hier was«, sagte sie und zog einen Piccolo aus der Tasche. »Den köpfen wir nachher, wenn du dein Schiff gekauft hast.«

Was für eine süße Idee, dachte ich, als ich auch schon den Verkäufer um die Ecke biegen sah.

Zu dritt gingen wir hinein, ein seltsamer Augenblick. Wir betraten den nüchternen Schalterraum und wurden alle drei in einen separaten Raum gebeten. Die Bankangestellte zählte das Geld auf den Tisch. Was für eine gewaltige Menge. So viel Geld hatte ich noch nie auf einem Haufen gesehen.

»Ich habe hier ein Schriftstück vorbereitet, unterschreiben Sie mir das bitte«, sagte ich steif zu dem Verkäufer. Schließlich brauchte ich einen Beweis, dass er das Geld auch erhalten hatte.

»So einen Schrieb habe ich auch dabei«, sagte er lachend und zog seinerseits einen fast identischen Zettel heraus.

Ich entspannte mich. Ich gab ihm das Geld und dann unterschrieben wir beide. Und dann war es meins. Das Schiff!

## KAPITEL 7

# Aneignung

Noch einmal musste ich mich in Geduld üben, denn ich konnte mein Schiff nicht sofort in Besitz nehmen. Der Vorbesitzer musste für die Übergabe erst aus Thailand anreisen. Er selbst und seine Frau hatten das Boot von Leuten übernommen, die es sich zu einem Sommersitz umgebaut hatten. Auch sie selbst hatten es lediglich im Sommer genutzt, als schwimmendes Wochenendhaus quasi. Aber es war ihnen offensichtlich ans Herz gewachsen, der Mann hatte Tränen in den Augen.

»Hier ist der Schlüssel«, sagte er. »Jetzt gehört die Château d'eau Ihnen!«

Und dann war ich zum ersten Mal allein auf dem Schiff. An einem windigen Frühlingstag saß ich im Blaumann auf meinem, ja, meinem Vorschiff und blickte über die Elbe. Fühlte mich ganz seltsam. Ich konnte es kaum fassen. Ich griff zum Handy.

»Ich sitze in meinem neuen Zuhause«, informierte ich meine Eltern.

»Und wie fühlt es sich an?«, wollten sie wissen.

»Einfach großartig! Ich gucke mir jetzt erst mal alles richtig an.«

Zunächst lief ich, stolz wie ein Großgrundbesitzer, durch alle Räume, die nun mir gehörten, schaute in Schränke, öffnete Schubladen. Alles war voller Sachen: alte Kleider hingen noch in den Schränken, die Schubladen unter den Betten waren voller Bettzeug, in den Küchenschränken standen Töpfe, Pfannen und Geschirr, im Badezimmer fand sich Schminkzeug ... Es fühlte sich noch fremd an, aber in mir kribbelte es vor lauter Vorfreude. Begeistert machte ich mich an die Arbeit und räumte all den alten Plunder weg, nahm mein Schiff in Besitz.

Ich schaute mir an, was es zu tun gab. Sehr viel war es eigentlich gar nicht. Die Möbel und all den Plastik-Deko-kram der Vorbesitzer musste ich loswerden, danach würde ich renovieren müssen: Wände streichen, das war's. Denn das Schiff war schon so, wie ich es haben wollte, umbauen musste ich nicht. Die Raumaufteilung: perfekt. Die mit Bootslack gestrichenen Kiefernplanken auf dem Boden: super. Die Küche: komplett. Betten: vorhanden und überaus gemütlich. Schon bei der Besichtigung hatte ich gedacht, dass ich das Schiff genau so ausgebaut hätte. Je öfter ich nun dort war, herumwerkelte und Pläne schmiedete, wie alles einmal aussehen sollte, merkte ich, dass ich tatsächlich die richtige Entscheidung getroffen hatte. Immer wieder schoss mir der Gedanke durch den Kopf: Irgendwer muss meine Wünsche geahnt und das Schiff so traumhaft ausgebaut haben. Meinen Eltern, die sich zwar die Fotos angesehen hatten, nun aber eine Live-Beschreibung wünschten, erläuterte ich das Schiff haarklein am Telefon:

»Wenn ich koche, kann ich direkt aufs Wasser gucken!«

»Das klingt ja großartig! Vom Bett aus auch?«

»Ein bisschen, der Blick geht auf den Steg, aber dahinter ist natürlich auch Wasser.«

»Traumhaft. Und sonst so?«

»Also Bad, Toilette, Küche und die beiden Schlafzimmer sind ziemlich klein. Im Bad kann man sich kaum einmal um sich selbst drehen ...«

»Fühlst du dich da nicht beengt?«

»Nein, überhaupt nicht, das ist alles total gemütlich. Die Betten sind von drei Wänden umgeben, wie ein Alkoven. Gegenüber sind Einbauschränke, in denen ich meinen ganzen Plunder verstauen kann. Sehr praktisch.«

»Da brauchst du ja gar keinen Keller oder Dachboden.«

»Na ja, den könnte ich schon gut gebrauchen, aber so was gibt's ja eh nicht auf einem Schiff, ich muss wohl noch viel wegwerfen.«

»Und das Wohnzimmer?«

»Das ist einfach das Größte, im wahrsten Sinne: fast vierzig Quadratmeter! Ganz hell, mit einer Tür zur Terrasse, ich kann vom Sofa aus die Elbe sehen!«

Und genau dort saß ich nun und telefonierte mit meinen Eltern: auf meinem Sofa mit Elbblick und schaute mich um.

»Die Möbel sind ziemlich scheußlich, hier stehen riesige Ledersofas, die sind zwar weiß, aber viel zu mächtig für den Raum, die will ich nicht haben. Außerdem etliche schwarze Regale und lauter Krimskrams und scheußliche Deko. Das muss alles weg.«

»Wohin willst du denn damit?«

»Die Möbel will ich verkaufen, vielleicht kriege ich so noch ein bisschen Geld für den Umzug zusammen.«

Zu guter Letzt habe ich sie alle verschenkt, niemand wollte die klobigen Ledersofas, die seltsam geschwungenen Beistelltischchen, die überall verteilten Tierfelle und die Deko-Metallvögel.

Dann waren wie in jeder Landwohnung auch an Bord des Schiffes noch die normalen Renovierungsarbeiten zu erledigen. Ausräumen, Saubermachen, Streichen.

»Kann ich dir helfen?«, fragte am Telefon meine Freundin Monika, die immer zur Stelle ist, wenn es etwas zu tun gibt. »Du weißt, ich kann super renovieren. Außerdem will ich unbedingt sehen, wie du wohnen wirst.«

»Klar kann ich deine Hilfe brauchen, wir können zusammen streichen«, lud ich sie ein.

Ich besorgte Pinsel, Rollen und meine Lieblingsfarbe: Maigrün.

»Wie findest du die Farbe?«, fragte ich Monika, als sie zu mir kam.

»Na ja«, meinte sie etwas zögerlich, »schon ziemlich leuchtend! Mir wär das zu bunt.«

Aber ich war ganz begeistert. Ich wollte den langen Flur damit streichen und damit für einen freundlichen Empfang sorgen. Also schwangen wir die Pinsel und es sah auch wirklich toll aus. Den Pausenkaffee genossen wir selbstverständlich auf dem Vorschiff. Monika war sofort verliebt in mein zukünftiges Zuhause. Sie hatte bei meinen Überlegungen im Vorfeld die Vor- und Nachteile sorgfältig mit mir abgewogen. Hatte gemeint, es sei ziemlich mutig, einfach all das schöne Geld in einen Haufen Stahl auf dem Wasser zu investieren. Doch auch sie hatte gefunden, dass ich diesen Weg wohl gehen müsste, sonst würde ich keine Ruhe finden.

Ich hätte mir nun mal in den Kopf gesetzt, auf dem Wasser zu leben. Nun solle ich das auch umsetzen.

»Du hast alles richtig gemacht«, sagte sie nun.

Und genauso fühlte es sich auch an.

## KAPITEL 8

# Schiffstaufe

War das schön hier! Jede freie Minute verbrachte ich auf meinem Schiff. Noch wohnte ich in meiner Zweizimmerwohnung in der Stadt, hatte meinen normalen Tagesablauf als angestellte Trauerrednerin. Aber sobald meine Zeit es zuließ, sauste ich zum Schiff. Immer wieder stand ich dann auf dem Steg oder der Terrasse und betrachtete die Umgebung. Die Elbe schimmerte in der Sonne, Seevögel umkreisten mich kreischend. Das Wasser gluckerte leise und das Schiff schwankte sanft. Ja, das hatte ich mir gewünscht. Ich fühlte mich belebt und froh, diesen Schritt getan zu haben. Die neue Umgebung, der Steg, mein Schiff, all das war aufregend und ungewohnt. Inzwischen war es April. Langsam wurde es wärmer draußen, sodass ich in den Pausen oftmals auf dem Vorschiff saß und mich schwertat, mich wieder an die Arbeit zu machen. Es hatte etwas Meditatives, dort zu sitzen und auf das Wasser zu schauen. Winzige Wellen spielten um mein Schiff, das Sonnenlicht zersplitterte in der Spiegelung des Wassers in zahllose Diamanten. Mein Blick schweifte in die Ferne, eine Begrenzung durch Häuser, Straßen, Autos – es gab sie nicht. Neugierig beobachtete ich die Arbeiten in der Werft gegenüber, fragte mich, warum die Dalben, an denen der Schwimmsteg befestigt war, so hoch waren. Klönte schon mal hier und dort mit den Stegnachbarn und dem Hafenmeister. Noch fühlte sich alles ein bisschen unwirklich an. Darum musste ich mir zwischendurch immer wieder selbst sagen: Ich habe es wirklich getan, ich habe mir ein Hausboot gekauft.

Während ich so allein auf dem Schiff herumwerkelte, es mit aneignete, ging mir immer wieder der Name durch den Kopf: Château d'eau. Irgendwie zu sperrig, irgendwie zu vornehm, fand ich.

»Ich finde den Namen viel zu protzig«, sagte ich zu Alex, »so nobel sieht mein Schiff gar nicht aus, ich will einen zünftigen und vor allem einen kurzen Namen haben.«

»Ja, finde ich auch, aber was stellst du dir denn vor, ›Karl‹ vielleicht?«

»Weiß ich noch nicht, irgendwas Freundliches und es muss einen Bezug zu mir und meinem Leben haben.«

In der Zeit, in der ich überlegt hatte, ob ich wirklich auf ein Hausboot ziehen wollte, war mir meine längst verstorbene Oma oftmals in den Sinn gekommen. In meinen Gedanken hatte auch sie mir gut zugeredet: »Mach das mal, mien Deern!«, hatte ich ihre Stimme in mir gehört. Und auch jetzt, während ich immer öfter hier war, war sie ständig präsent. Sie hatte schon als junges Mädchen etwas gewagt, war in den Dreißigerjahren ganz allein mit einer Freundin im Faltboot und mit dem Zelt losgezogen. Damals kam das in dem kleinen Städtchen, in dem sie gelebt hatte, fast einem Skandal gleich: Eine Frau, die ohne männlichen Begleitschutz einfach so die Welt erkundete! Für mich war sie immer eine gute Ratgeberin und unsere Beziehung sehr innig gewesen. Oma Lotte. Da machte es auf einmal klick: Lotte – ein perfekter Name für mein Schiff! Ja, so sollte mein Boot heißen. Also bestellte ich den Schriftzug in sanftem Grau bei einem Hersteller für Schiffsbeschriftungen und rakelte ihn in einer fröhlichen Aktion mit Angela auf Bug und Heck. Meine Mutter weinte vor Rührung, als ich ihr sagte, das Schiff würde den Namen ihrer Mutter tragen. Und sie sollte Lottes Taufpatin werden.

»Ihr seid eingeladen auf die Lotte, ich feiere meinen Geburtstag und die Schiffstaufe«, verkündete ich meiner Familie.

Als mein Geburtstag gekommen war, zog ein Maitag wie aus dem Bilderbuch herauf: Ein leuchtend blauer Himmel spannte sich über die Elbe, nur von einigen winzigen weißen Wolken bedeckt, und ein frischer Wind zauberte kleine Schaumkronen auf die Wellen der Elbe. Ich war schon früh auf der Lotte, um alles vorzubereiten, war aufgeregt, wie meine Familie wohl reagieren würde, wenn sie das Schiff nun zum ersten Mal sehen würde. Ich hielt Ausschau nach dem Auto meiner Eltern, aber bislang war es nicht in Sicht. Da klingelte das Handy.

»Sag mal, wie komme ich denn überhaupt zu dir?«, wollte mein Vater wissen. »Deine Adresse gibt es offenbar gar nicht. Das Navi findet sie zumindest nicht.«

»O je, ihr Armen. Seid ihr schon lange rumgeirrt? Du musst den Deich etwa acht Kilometer entlangfahren«, beschrieb ich ihm den Weg, »dann kommst du an eine Seitenstraße, in die fährst du rein und dann siehst du schon den Hafen und die Lotte.«

So fand er den Weg und ich merkte mir für die Zukunft, dass ich allen Freunden, die den Ort noch nicht kannten, den Weg ganz genau beschreiben musste, damit sie auch wirklich zu mir fanden.

Endlich waren alle da: meine Eltern, mein Bruder Marc mit seiner Freundin Isolde, Do, eine Freundin der Familie seit meiner Kindheit, die bei jeder Familienfeier dabei war, und auch Helge durfte natürlich nicht fehlen. Alle waren sofort begeistert von der Lotte, sie standen alle hinter mir und bestärkten mich in meinem Beschluss. »Das ist so cool«, sagte Helge. »Ich habe eine echt tolle Cousine, das erzähle ich all meinen Freunden!« Sie schauten sich in Ruhe alle Räume an, ließen sich jedes Zimmer zeigen, staunten über die Größe und die Ausstattung der Lotte. Ich war sehr stolz und glücklich.

Nachdem alles besichtigt war, rief ich alle auf den Steg: »Lasst uns das Schiff mal taufen!« Ich hatte am Heck eine Flasche Champagner angebunden, die meine Mutter zerschmettern sollte.

»Mache ich auch nichts kaputt?«, fragte sie besorgt. »Vielleicht haue ich mit der Flasche noch ein Loch in dein Schiff und es sinkt?«

»Nein«, lachte ich, »vier Millimeter Stahl, die machst du nicht so schnell kaputt.«

Doch vorsichtshalber warf sie die Flasche nur ganz zart. Das Band, an dem sie hing, löste sich und der Champagner verschwand in der Elbe. Wir wollten uns ausschütten vor Lachen. Helge sprang herbei, legte sich flach auf den Steg, angelte mit dem Arm im Wasser und fischte die Flasche wieder heraus. Welch ein Glück, dass Ebbe und das Wasser nicht tief war. Jetzt übernahm mein Vater, fasste den Flaschenhals mit fester Handwerkerhand und sprach: »Ich taufe dich auf den Namen Lotte und wünsche dir immer eine Handbreit Wasser unter dem Kiel.« Wieder flog die Flasche Richtung Schiff, dieses Mal mit dem nötigen Wumms, und zerschlug mit lautem Knall.

Wir stießen mit Champagner auf diesen Moment an. Die Reste der Taufe, die Glassplitter und den am Band baumelnden Flaschenhals, ließen wir als gutes Omen für meinen Neustart einfach liegen.

Wir feierten Geburtstag und Schiffstaufe mit einer Grillparty auf dem mit Kissen und ein paar Pflanzen hergerichteten Vorschiff. Da saßen wir also alle zusammen auf meiner Terrasse und ich hätte platzen können vor Glück. Ein sanfter Wind verwirbelte unsere Haare – meine waren damals noch raspelkurz. Die Sonnenbrillen wurden gezückt. »Es ist wunderschön hier – wie im Urlaub«, schwärmte meine Familie. Aber trotz des wundervollen Blickes stand immer wieder jemand auf, lief durch das damals noch ganz leere Schiff. Die Begeisterungsrufe hörte ich bis nach draußen auf die Terrasse. Und dann: »Wie cool, du hast ja sogar ein Gästezimmer. Ich will auch mal hier übernachten.« Das war Helge.

»Klar, kannst du, du bist mir immer willkommen«, entgegnete ich und freute mich schon auf Besuch.

Meine Eltern schenkten mir ein Logbuch. »So was gehört schließlich auf ein richtiges Schiff«, meinten sie. »Aber die Dinger aus dem Schiffsbedarf waren so hässlich, deswegen haben wir dir selbst eins gebastelt.« So bekam ich ein hübsches Büchlein, auf das mein Vater »Logbuch für Lotte« geschrieben hatte.

Als meine Familie am Abend wieder abfuhr, wollte ich am liebsten auf der Lotte bleiben. Jetzt, nachdem sie richtig eingeweiht war, jetzt, wo alle sie gesehen hatten, fühlte sie sich wirklich wie mein neues Zuhause an und ich hatte keine Lust, in meine alte Wohnung mit all den Umzugskartons und auseinandergebauten Möbeln zurückzufahren. Ich wollte endlich, endlich mein Hausbootleben beginnen.

## KAPITEL 9

# Ein ungewöhnlicher Umzug

Eine Woche später war es so weit. Die restlichen Kartons waren gepackt, alle Möbel zerlegt, ein Transporter organisiert und viele Freunde verständigt.

»Wir müssen uns wirklich beeilen«, spornte ich meine Helfer an, »es wird nachher regnen, außerdem muss alles noch bei Flut auf dem Steg sein.«

Rasch beluden wir den riesigen Transporter, der Abschied aus meiner Wohnung fiel mir nicht schwer. Gegen Mittag waren wir alle im Hafen angekommen, das Wasser stand hoch.

»Wir wollen erst mal das Schiff sehen«, war die einhellige Meinung. Also liefen wir rasch zur Lotte, ich machte eine kleine Schiffsführung und zeigte bei der Gelegenheit gleich, wo welche Möbel hingestellt werden sollten. Es gab zahllose »Ohs« und »Ahs«. Ich glaube, in dem Moment beneideten mich viele meiner Freunde um meinen neuen Wohnort.

Bevor wir die Lotte aber genießen konnten, war erst einmal Arbeit gefordert. Allen war schnell klar, wo das Problem lag: Nach dem Entladen des Transporters auf dem

Schotterparkplatz des Hafens mussten wir alles hinunter auf den Steg schleppen. Der Abgang von der Mole zum Schwimmsteg besteht aus einer Art Rampe, die sich je nach Wasserstand hebt oder senkt. Bei Flut ist der Weg nicht sehr steil, bei Ebbe geht es sehr, sehr schräg nach unten. Zum Glück war gerade Flut, was alle motivierte, sofort loszulegen. Der Molenabgang war allerdings nicht die einzige Hürde: Unten angekommen, wartete der Steg auf uns – ein vierhundert Meter langer, schwankender Bohlengang übers Elbwasser bis zur Lotte. Nun fing das Fachsimpeln an: Sollten wir vielleicht den Hafenmeister nach seiner Barkasse oder seinem Arbeitsschiff fragen, um die schweren Sachen die vierhundert Meter zur Lotte zu fahren?

An sich eine gute Idee, aber dann hätten wir alles auf die Boote wuchten müssen, die ziemlich tief im Wasser lagen, um kurz darauf bei der Lotte alles wieder hochzureichen. Keine echte Erleichterung, wie die gesamte Runde fand. So blieben wir bei dem ursprünglichen Plan, jeden einzelnen Umzugskarton, jedes einzelne Möbelstück über den langen Steg zu schleppen. Als Transporthilfen konnten uns lediglich die kleinen Wagen dienen, die man in fast jedem Hafen findet, um etwas größere und schwerere Dinge zum Schiff zu transportieren – so zumindest dachten wir zuerst. Doch sie erwiesen sich als zu klein für die Umzugskartons, Sofas oder Regalteile passten schon gar nicht hinein. So mussten wir doch alles schleppen, denn auch ein Hund und eine Sackkarre als Transporthilfe waren untauglich, weil sie immer in den Lücken zwischen den Planken des Steges stecken blieben. Alle waren sich einig, dass dies wohl der anstrengendste Umzug sei, den sie je gemacht hatten. Die Arme wurden immer länger. Keuchend wuchteten wir alles zur Lotte, der Weg schien mit jedem schweren Teil länger zu werden. Und nun begann auch der angekündigte Regen. Die ersten feinen Regentropfen fielen. Da klingelte ein Handy in der Tasche meines Umzugshelfers Kai, der mitten auf dem Steg stand.

»Ja ... nein, ich kann gerade nicht, bin beim Umzug ... Okay, ich rufe später zurück.«

Gerade wollte er das Handy wieder in die Tasche stecken, da entglitt es seiner verschwitzten Hand und verschwand auf Nimmerwiedersehen in den trüben Fluten der Elbe.

»Mein Handy!«, schrie Kai. »So ein Mist!«

Da begriff ich: Ab sofort musste ich alles, was wichtig war, auf dem Weg über den Steg gut verstauen und den Schlüssel am Band immer um den Hals tragen.

Schließlich war mit den ersten dicken Regentropfen der letzte Karton an Bord. Geschafft! Wir jubelten ... und setzten uns dann zwischen Kisten und Möbeln an den Esstisch, der schon seinen Platz hatte, aßen Würstchen und Kartoffelsalat und freuten uns über den gelungenen Umzug. Ins Lotte-Logbuch notierte ich: »Umzug trotz Regen und drohender Ebbe geschafft. Verlust: ein Handy.«

Als alle gegangen waren, saß ich allein zwischen den vielen unausgepackten Kisten und wusste: Dies ist ab jetzt mein Zuhause. Wohl fühlte ich mich allerdings nicht, es war furchtbar ungemütlich und vollgestellt. Ich konnte mir nur mühsam einen Weg durch all den Kram bahnen, saß auf dem Sofa und wünschte mir, die Heinzelmännchen würden über Nacht das Chaos in eine gemütliche, perfekt eingerichtete Wohnung verwandeln. Erschöpft sank ich irgendwann ins Bett.

Die erste Nacht war unruhig, ich schlief kaum. Immer wieder musste ich die Wand anfassen und mir sagen: »Das gehört jetzt mir, nur mir. Hier wohne ich jetzt.« Ich konnte es kaum glauben. Es fühlte sich gut an, aber noch fremd. Normal, wenn man in eine neue Wohnung zieht. Am nächsten Morgen sprang ich aus dem Bett und lief Slalom zwischen den Kisten, hinaus auf die Terrasse und freute mich an dem Elbblick, der noch dazu unverbaubar war. Jetzt erst mal einen Tee, dachte ich. Zum Glück hatte ich auch bei diesem Umzug die Küche schon bestückt, sodass ich alles griffbereit hatte. Dann stand ich mit meiner Teetasse draußen und ließ mich von der Morgensonne wärmen. Mein erster Morgen auf der Lotte. Ich fühlte mich voller Tatendrang, jetzt wollte ich es auch endlich schön haben. Also machte ich mich daran, die Kisten auszupacken. In einer der ersten fand ich mein kleines Radio. Ich machte Musik an, denn ich fühlte mich ein bisschen allein. Gestern noch so viel Trubel, heute Stille.

»Kannst du heute vorbeikommen und mir Herrn Emma bringen?«, fragte ich meine Freundin Margret, bei der der Kater während des Umzugs untergekommen war. Er fehlte mir.

»Klar, ich mach mich gleich auf den Weg, dann kann ich dir noch ein bisschen beim Auspacken helfen«, sagte Margret.

Sie kam, während ich die Bücher in die Regale räumte. Herr Emma verkroch sich augenblicklich ins Bett und lag schwitzend unter der Decke. Vermutlich spürte er die leichten Bewegungen des Schiffs und fand das befremdlich.

Margret half weiter beim Auspacken. Während wir unseren Kaffee – natürlich auf der Terrasse – tranken, meinte sie: »Du musst unbedingt die Festmacherleinen gegen Ratten sichern, sonst hast du bald ganze Rattenfamilien an Bord.«

»Das warte ich erst mal ab«, reagierte ich gelassen.

Allerdings hatte auch ich schon darüber nachgedacht, ob ich nicht irgendwann diese Tiere bei mir durchs Wohnzimmer laufen sehen würde. In jedem Hafen gibt es zahllose Ratten und bei mir an Bord gab es schließlich Essbares. Würde das also ein Problem werden? Glücklicherweise nicht. Zwar habe ich die Tiere schon oft im Hafengelände umherlaufen sehen, aber an Bord der Lotte habe ich bis heute tatsächlich niemals auch nur eine einzige Ratte gehabt.

Irgendwann stand der Hafenmeister auf dem Steg und fragte, ob wir nicht mit der Hafenbarkasse zur Auslaufparade des Hafengeburtstags mitfahren wollten. Margret wollte nicht, ich aber wollte unbedingt! Und so begann mein Lotte-Leben so hamburgisch, wie es nur geht. Bei strahlendem Wetter blubberte die gemütliche Hafenbarkasse Käthe mit einem Haufen fröhlicher Menschen Richtung Hamburger Hafen. Zwischen all den riesigen Schiffen schwankte sie fröhlich auf den Wellen umher, ich hätte schreien können vor lauter Freude. Zum Hafengeburtstag war ich sonst nie gegangen – zu viele Menschen, zu viele Fress- und Saufbuden. Aber so war es ein großer Spaß. Und als die Käthe sich dann wieder meinem Hafen näherte und ich die Lotte da liegen sah, war ich stolz und glücklich. Ich fühlte mich mutig und voller Tatendrang.

## KAPITEL 10

# Hindernisse und Glücksgefühle

Die letzten Kartons waren ausgepackt, die Möbel hatten ihren endgültigen Platz gefunden, die Lotte wurde langsam, aber sicher ein gemütliches Zuhause. Doch es gab noch einige Hürden zu bewältigen, einiges, was es an meinem Schiff und der neuen Wohnumgebung noch zu entdecken galt. Und es war sehr anders als das, was es in einer Landwohnung an Neuem zu entdecken gilt. An Land hätte ich die Nachbarn kennengelernt, die besten Einkaufsmöglichkeiten ausgekundschaftet, schöne Wege zum Radeln und Spazierengehen gesucht. All das tat ich auch an Bord der Lotte und in der Umgebung, aber es kamen noch andere Aufgaben auf mich zu.

»Wasserschaden«, notierte ich einige Wochen nach dem Einzug im Logbuch. Das Frühjahr war recht kalt gewesen, es hatte immer mal wieder Frost gegeben und eines Tages hörte ich ein seltsames Gluckern unter den Bodenplanken im Flur, außerdem wurde die Heizung nicht richtig warm. Also rief ich den Klempner, der nur trocken meinte: »Da ist wohl die Wasserleitung geplatzt.« Er entfernte die sorgsam vernagelten Flurdielen und reparierte den Wasserschaden. Das dauerte einige Tage. Währenddessen musste ich unzählige Male vorsichtig über das Loch balancieren, das mitten im Flur entstanden war, durch den ich zu meiner kleinen Werkstatt neben der Eingangstür, zur Toilette und zu jedem einzelnen Zimmer gelangte. Irgendwann war der Klempner jedoch fertig und mir blieb die mühsame Aufgabe, die Bodenbretter und Fußleisten wieder festzunageln. Immerhin funktionierte danach die Heizung tadellos.

Doch es ging weiter mit den Fährnissen, die es so in einer Landwohnung nicht gegeben hätte.

Als ich auf die Lotte zog, hatte ich weder ein Festnetztelefon noch einen Internetanschluss oder Fernsehempfang. All das kann man an Land mit einfachen Anträgen bei Telefonanbietern und einem Kabelanschluss oder einer Satellitenantenne bewältigen – an Bord nicht. Das Problem mit dem Fernseher löste mein Freund Dirk.

»Mal sehen, was ich da machen kann«, sagte er, verschwand in meiner kleinen Werkstatt und kramte darin herum. »Hast du vielleicht eine lange Stange, möglichst aus Holz?«

Ich gab ihm ein Bambusrohr, das ich gern zum Festbinden von Pflanzen verwendete. Damit kletterte er aufs Dach, befestigte es dort und zog eine lange Wurfantenne vom Fernseher aus dorthin.

»Kannst du mal gucken, ob' s jetzt funktioniert?«, rief er.

Tatsächlich, ich hatte Empfang. Ganz einfach. Die Antenne leistet mir noch heute gute Dienste, auch wenn ich gelegentlich aufs Dach des Schiffes klettern und sie wieder aufrichten muss, wenn der Wind sie einmal umgepustet hat.

Die Sache mit dem Telefon war komplizierter. Zuerst recherchierte ich lange im Internet, telefonierte überall herum, fragte den Hafenmeister, doch es schien niemand für dieses spezielle Problem eine Lösung zu haben. Dann schrieb ich verschiedene Firmen an, die satellitengesteuerte Lösungen anboten, bestellte eine solche Anlage und fand heraus: Das Ganze funktioniert nicht auf der Lotte. Irgendwie kam kein Signal an. Also suchte ich mir eine Computer- und Telefonfirma in den Vierlanden und fuhr hin, um das Problem im direkten Kontakt zu lösen.

»Sie können es mit einer LTE-Antenne versuchen«, schlug der Kleinunternehmer mir vor.

»Kriege ich die auch selbst installiert?«

»Klar, das ist ganz einfach. Und wenn's doch nicht funktioniert, kommen Sie einfach wieder.«

Ich installierte alles – es war wirklich ganz einfach – und hatte von da an WLAN an Bord. Ebenso wie beim Fernsehen funktionierte das Netz manchmal nicht, wenn nämlich das Wasser bei Ebbe sehr niedrig stand und die Antenne, die ich auf dem Dach platziert hatte, nicht richtig empfangen konnte. Aber für solche Fälle hatte ich immer noch mein Handy.

»Auf einem Schiff ist vieles anders, es gibt Probleme, die ich nicht erwartet hätte«, schrieb ich in mein Logbuch. Und das schrieb ich auch meiner Freundin Maria, nachdem das Internet endlich funktionierte.

»Fein«, freute sie sich, »dann lese ich ja jetzt endlich wieder von dir.« Und weiter hieß es in der Mail: »Ich habe dir ein kleines Einweihungsgeschenk geschickt.«

Und so machte ich mich täglich auf den Weg zu meinem Briefkasten, den ich oben im Hafen am Hafenmeisterhaus angebracht und natürlich mit meinem Namen beschriftet hatte. Voller Vorfreude schaute ich täglich in den Kasten. Denn schließlich ist es gar nicht mehr so üblich, freundschaftliche Geschenkpäckchen zu bekommen. Ich weiß noch, wie ich mich früher gefreut habe, wenn zum Geburtstag und zu Weihnachten von Oma Eugenie aus Nürnberg ein Paket kam. Es kam immer sehr früh vor dem eigentlichen Festtag, sodass es tagelang dastand und noch nicht ausgepackt werden durfte. Dann nahm ich diese Pakete, schüttelte sie vorsichtig, um herauszufinden, was sich wohl darin befinden mochte. Diese freudige Erwartung habe ich immer schon geliebt. Und durch die regelmäßigen Sendungen von Maria zu meinem Geburtstag und zu Weihnachten entdeckte ich diese kindliche Vorfreude wieder. Auch ihre Päckchen kamen immer sehr früh, standen unausgepackt da wie die von Oma Eugenie und zauberten mir jeden Tag ein Lächeln aufs Gesicht. Nun aber blieb mein Briefkasten leer.

»Ist mein Päckli schon angekommen?«, fragte Maria bald täglich.

»Nein, immer noch nicht, ich weiß nicht, was da los ist«, mailte ich zurück. »Hast du denn die richtige Adresse draufgeschrieben?«

Wir verglichen noch einmal – ja, alles stimmte. Mein Kasten blieb leer, tagelang, bald schon über eine Woche. Irgendwann wurde ich zu ungeduldig und fing den Briefträger ab.

»Moin, Nicola Eisenschink mein Name. Ich wohne jetzt hier.«

»Aha«, gab der Briefträger zurück, »wo denn?«

»Da unten, da, auf dem weißen Hausboot.«

»Na ja, dann weiß ich ja jetzt Bescheid.«

»Haben Sie irgendwas für mich?«

Er schaute in seine Tasche. »Nee, is nix dabei. Aber die Leute müssen auch die vollständige Adresse auf die Post schreiben, sonst kommt die nicht an!«

»Das ist mir schon klar«, gab ich etwas gereizt zurück, »aber bis jetzt ist noch überhaupt nichts angekommen.«

Der Postmann versprach mir, noch einmal nachzuschauen. Und siehe da, am nächsten Tag war mein Briefkasten auf wundersame Weise wohlgefüllt, daneben stand das Einweihungsgeschenk von Maria. Obwohl das Paket riesengroß war, war es federleicht. Neugierig eilte ich über den Steg zur Lotte und schnappte mir eine Schere, um den Karton zu öffnen. Unter knisterndem Seidenpapier fand ich eine unfassbar schöne, von ihr gequiltete Decke und eine kleine Karte: »Diese Decke soll dich begleiten, dich wärmen und dich immer wissen lassen, dass ich für dich da bin«, schrieb Maria. Gerührt betrachtete ich das Meisterwerk. Maria hatte mir in meiner Lieblingsfarbe Grün eine kuschelige Decke mit meinem Lieblingsmotiv, den Katzen, gefertigt, die mich nun immer warm einhüllen würde. Sie fand sogleich ihren Platz auf meinem Sofa, jedes Mal, wenn ich mich in ihre Decke einmummle, muss ich lächeln. Denn tatsächlich denke ich dann immer an meine Herzensschwester, die mir räumlich so fern und im Herzen so nah ist.

So musste ich fortan an kalten Frühjahrs- und Herbsttagen nicht mehr frieren. Doch das Problem mit der Post blieb mir erhalten. Oft wechselten die Austräger und die Neuen wussten zunächst nicht, welche Adresse gemeint war, und nahmen die Post einfach wieder mit. Es war tatsächlich nicht ganz einfach, den Hafen zu finden. Nicht, weil er so versteckt lag, sondern weil es die Adresse schlichtweg nicht gab. Die Straße existiert zwar, aber der Beisatz »Wassertreppe« verwirrt die Austräger. Ohne den aber landet meine Post auf der anderen Seite des Hafens in einem Wohnhaus. Als ich diesen Knackpunkt endlich herausgefunden hatte, stellte ich mich bei den Bewohnern des Hauses vor und hinterließ meine Handynummer. Doch sie riefen nie an. So benötigte mancher Brief unendlich lange, bis er irgendwann doch endlich in meinem Kasten landete. Vieles kam nie an und blieb verschollen. Manchmal kommt bis heute tageweise gar keine Post an, dann wieder ist der Briefkasten randvoll.

Viele Anfangsschwierigkeiten hatte ich nun dennoch gelöst. Die kleinen Hürden kosteten mich zwar einige Nerven, konnten meine gute Grundstimmung aber nicht trüben, denn ich fühlte mich zunehmend wohl auf meinem Schiff. Nach einigen Wochen fand ich es an der Zeit, einiges aufzuräumen, was ich gleich zu Beginn entdeckt hatte. Etwa die kleine Kammer unter der Vorschiffterrasse. Einen solchen »Keller« eines Schiffes nennt man Bilge und in dieser vorderen Bilge hatte ich eine eher unschöne Entdeckung gemacht: Sie war voller Holz für den Kamin. An sich eine schöne Sache, doch das gesamte Holz war verschimmelt, denn die Bilge war immer etwas feucht. Also warf ich mich eines Tages in meinen Blaumann, schlüpfte in die Gummistiefel und bewaffnete mich mit Gummihandschuhen und einer Atemschutzmaske. Dann zwängte ich mich in die schmale Öffnung, sprang platschend ins Bilgenwasser. Und wand mich mühsam in dem winzigen Raum, um die Holzstücke herauszusammeln. Anschließend türmte ich sie zu stinkenden

Haufen auf der Terrasse auf. Dann schichtete ich das Holz in den kleinen Hafenwagen, den ich mir rasch angeschafft hatte, und transportierte es in den großen Müllcontainer oben im Hafen. Eine überaus mühselige Angelegenheit. Aber ab sofort hatte ich eine formidable Lagermöglichkeit für meine Gartenmöbel.

Doch das war noch nicht das Ende meiner Entdeckungszeit auf der Lotte: Als einiges an Bord gerichtet werden musste, stieg ich in meine Werkstatt direkt neben der Eingangstür zur Lotte. Um die Werkstatttür zu öffnen, musste ich vorher auch die Eingangstür aufmachen, sonst ging die kleine Tür nicht auf. Während ich mein Werkzeug in der Werkstatt zusammensuchte, fiel die Eingangstür zu und blockierte nun die Werkstatttür. Ich war gefangen. Ich rüttelte und versuchte, mit meinem Werkzeug dem Desaster irgendwie beizukommen – keine Chance. Ich wurde panisch. Da fiel mein Blick auf das kleine Bullauge zum Steg hinaus, das sich öffnen ließ.

»Hilfe!«, rief ich so laut ich konnte. »Kann mal jemand kommen?«

Glücklicherweise war ein Stegnachbar an Bord seines Schiffes und kam herbeigeeilt. Er grinste, als er mich hinter dem kleinen Bullauge sah.

»Kannst du mal die Eingangstür ganz aufmachen, ich komme sonst nicht mehr aus der Werkstatt raus«, bat ich.

»Na«, meinte der Nachbar, als er mich befreit hatte, »da musst du aber in Zukunft aufpassen. Wenn mal keiner da ist, musst du noch in dem Kabuff verhungern.«

Prustend amüsierten wir uns über mein Unglück. Und wieder lernte ich etwas: Wenn ich in meine Werkstatt wollte, öffnete ich deren Tür weit und schloss die Eingangstür, sodass ich immer wieder herauskommen konnte. Die Vorstellung, eines einsamen Tages eingesperrt zu sein und tagelang in meiner Werkstatt festzusitzen ohne etwas zu trinken, ohne Essen, ohne Toilette und ohne Aussicht auf Hilfe, war ziemlich beunruhigend. Ich sah mich eingesperrt in dem kleinen Raum, ich würde mir die Kehle nach Hilfe heiser schreien, aber niemand würde kommen ...

An solcherlei Eigenheiten meines neuen Wohnortes musste ich mich einfach nur gewöhnen. Etwas anderes war deutlich unangenehmer: In der Bilge der Lotte gab es einen großen Tank, in den die Abwässer aus der Toilette geleitet wurden, aber auch das gebrauchte Wasser aus der Waschmaschine. Tausend Liter umfasste der Tank. Ich hatte gedacht, ich müsste ihn nur alle paar Monate leeren. Doch da hatte ich mich gewaltig geirrt: Schon nach kurzer Zeit, vielleicht drei Wochen nach meinem Umzug, fragte mich der Hafenmeister: »Sag mal, warum liegt die Lotte denn so tief, ist dein Tank voll?«

»Nö«, gab ich zurück, » kann eigentlich noch gar nicht sein.«

Vorsichtshalber aber schraubte ich den Tankdeckel ab und schaute nach. Er war randvoll. Es musste sehr schnell Abhilfe geschaffen werden. Ich bestellte für den nächsten Tag ein Schiff, das die Abwässer abpumpte, und war froh, dass es tatsächlich so prompt klappte. Die ganze Aktion entpuppte sich allerdings als gar nicht so einfach: Ich musste an Bord den Fäkalientank öffnen, eine Tauchpumpe in die trübe, stinkende Brühe versenken und diese an den Saugschlauch des Fäkalienbootes anschließen – eine echte Sauerei. Als das

Abwasserschiff mit meinem Tankinhalt wieder abgetuckert war, dachte ich also über eine Alternative für die nächsten Male nach. Ich suchte im Internet nach einer großen und fest installierbaren Pumpe. Die fand ich, bestellte sie für einen Haufen Geld und ließ sie von einem befreundeten Klempner einbauen, sodass ich sie mit einem einfachen Schalter bedienen konnte, ohne den Tank öffnen zu müssen. Doch obwohl die Pumpe im Internet als groß genug angepriesen worden war, fiel sie bald aus und war kaputt. Erneut machte ich mich auf die Suche, musste aber in der Zwischenzeit immer wieder per Hand abpumpen. Schließlich fand ich eine passende Lösung: eine noch stärkere, noch teurere Pumpe, die nun den Platz der alten einnahm. Ganz bequem konnte ich jetzt über einen Schalter im Flur die Abwässer abpumpen, wenn der Saugrüssel des Fäkalienentsorgers angeschlossen war. War er das allerdings nicht und ich kam aus Versehen auf den Pumpenschalter, sprudelten meine Abwässer mit enormem Druck aus sämtlichen Leitungen des Schiffs. Vor allem aus dem Duschablauf ergoss sich dann die stinkende schwarze Brühe.

Genau so geschah es auch einmal, als meine Eltern zu Besuch waren. Ich war den gesamten Tag beruflich unterwegs, doch sie hatten ihren eigenen Schlüssel für die Lotte und waren schon am frühen Nachmittag an Bord. Mein Vater hatte eine elektrische Kühlbox voller Leckereien eingepackt, mit denen er mich abends zu verwöhnen plante. Die wollte er im kleinen Vorflur an die Steckdose stecken und kam dabei versehentlich auf den Schalter für die Fäkalienpumpe direkt über der Steckdose. Die Pumpe nahm brummend ihren Dienst auf und jäh schoss die stinkende braune

Flüssigkeit aus der Dusche, ins Badezimmerwaschbecken und ins Waschbecken in der Küche. Meine Eltern waren, wie sie mir später erzählten, völlig erschrocken über die Bescherung, wussten sie damals noch nicht, wie die Sache mit der Pumpe funktionierte. Mein Vater beschloss, alles erst einmal so zu belassen, damit ich sehen konnte, was geschehen war. So kam ich müde von einem anstrengenden Arbeitstag heim, freute mich auf eine Tasse Tee mit meinen Eltern auf der Terrasse – und stand stattdessen in meinem Flur mitten in der Scheiße. Denn die Duschtasse war übergelaufen und die Soße hatte sich durch den gesamten Flur bis ins Wohnzimmer ausgebreitet. Statt der genussvollen Tasse Erholungstee erwartete mich also erst einmal eine Putzorgie größeren Ausmaßes, die ich grummelnd bewältigte. Die Teppiche im Flur waren hin, der Dreck war bis in die hintersten Ecken gelaufen. Es war klar, dass ich die Wände teilweise überstreichen und neue Teppiche kaufen musste.

»So eine Riesensauerei«, schimpfte ich, »hättet ihr nicht aufpassen können?«

»Wir wussten doch gar nicht, dass das der Schalter für die Pumpe ist«, gab mein Vater zurück. »Wir müssen eine Sicherung in den Schalter einbauen, damit so was nicht noch mal passiert.«

Er verschwand in meiner Werkstatt und kam mit einem winzigen Inbusschlüssel in der Hand wieder hervor, so einem Teil, wie man es stets mitgeliefert bekommt, wenn man bei einem schwedischen Möbelhaus einen Schrank oder eine Kommode kauft.

»Was willst du denn damit?«, wollte ich wissen.

»Wart's ab, das wird deine Sicherung!«

Er nahm meine Bohrmaschine, bohrte seitlich ein kleines Loch in den Schalter für die Fäkalienpumpe und steckte den Inbusschlüssel hinein. Und siehe da: Wenn das Teil drinsteckte, war der Schalter blockiert, so war ein für alle Mal ein solches Desaster verhindert. »Renovierungsbedarf nach Elternbesuch«, stand jetzt in meinem Logbuch.

Doch es gab durchaus noch andere Schwierigkeiten: Eines Abends saß ich lesend auf dem Sofa. Plötzlich tropfte mir Wasser in den Nacken. Es kam aus einer der Öffnungen für die Downlights. Ich erschrak: War etwa das Dach undicht? Ich schnappte mir eine Taschenlampe und kroch damit im Dunkeln auf dem Dach herum auf der Suche nach einem Leck. Doch da war nichts. Schließlich fummelte ich eine der Lampen aus der Deckenhalterung und stellte fest, dass die Feuchtigkeit aus der Decke selbst kam. Die Stahlhaut der Lotte war kalt, innen heizte ich noch, dadurch entstand Kondenswasser, das sich in der Isolierung sammelte und dann seinen Weg durch die Öffnung der Lampe fand. Nach und nach fielen fast alle Deckenlampen aus. Also bestellte ich einen Elektriker, der die gesamte Lampenverkabelung einschließlich der arg angerosteten Lampen austauschte. So hatte ich wieder Licht, wusste aber, dass ich das Spiel wohl alle paar Jahre würde wiederholen müssen.

All diese Fährnisse konnten mich jedoch überhaupt nicht irritieren. Im Gegenteil, ich begann, mein Lotte-Leben zu genießen. Oft musste ich über mich selbst lachen, wenn ich wieder mal vor einem Problem stand. Das war ein ganz neues Gefühl für mich. Als ich noch mit meinem Mann zusammengelebt hatte, hatten mich Probleme mürrisch gemacht. Hier waren sie ein Anreiz, eine Lösung zu suchen.

Allein. Und das machte mich fröhlich und stark. Immer wieder stand ich auf der Terrasse und blickte über die Elbe. Meinen Pausenkaffee trank ich dort, genoss die Aussicht und die warme Sonne im Gesicht. Nichts, wirklich überhaupt nichts konnte diese Freude schmälern.

## KAPITEL 11

# Anders wohnen

Die Lotte war sehr schnell mein Zuhause geworden und doch blieb das Leben auf dem Schiff besonders. Es war ein bisschen so, als hätte ich eine Glückspille geschluckt. Tagsüber konnte ich mich nicht sattsehen an meiner Wasserumgebung, tanzte über den Steg und durchs Schiff. Nachts schlief ich auf der Lotte, als würde ich dafür bezahlt, als müsste ich viele durch Stadtlärm unterbrochene Nächte aufholen.

»So tief und gut habe ich nur bei dir geschlafen«, schrieb ich Maria. Sie wohnt mit ihrem Mann in einem wunderbaren Holzhaus, etwa anderthalb Stunden außerhalb von Wien, Ruhe pur, einzig die unter dem Dach nistenden Spatzen veranstalteten dort ein Getöse. »Aber ich muss mich erst an die Stille gewöhnen.«

»Das wirst du schnell«, schrieb sie zurück, »es wird dir richtig guttun.«

In windstillen Nächten war es so ruhig, dass ich meinen Atem hörte. Ich begann die Stille zu genießen, eine tiefe Entspannung erfasste mich. Genau so kannte ich es vom Segeln, genau so hatte ich es nun jeden Tag. Ich wachte morgens auf und ging als Erstes auf das Vorschiff. Die Elbe lag im sanften Sommerlicht vor mir, der Wind kitzelte meine schlafmüde Haut. Ich stand da und war vor allem eines: glücklich. In diesem ersten Sommer auf der Lotte hatte ich das Gefühl, angekommen zu sein. Ich wohnte so, wie ich es mir gewünscht hatte. Ich schwebte mit einem Lächeln durch die Welt, nichts war zu viel, nichts zu schwer. »Habe mich richtig entschieden«, notierte ich in meinem Logbuch. Herr Emma begann, vom Boot auf den Steg zu springen und sich die anderen Schiffe anzusehen. Wenn er von seinen Ausflügen zurückkam, saßen oder lagen wir oft einfach nur faul in der Sonne und brauchten nicht mehr als das, was wir hatten. Der erste Sommer war wie ein Traum. Nach der Arbeit als Trauerrednerin ging ich abends mit einem Glas Wein und einem Buch auf die Terrasse. Es war fast immer schön und warm. Obwohl ich eine echte Leseratte bin, blieb das Buch meist ungelesen liegen, denn es gab so viel zu sehen: eine besondere Wolkenformation, eine Ente, eine Gans, die vorbeischwamm, ein Binnenschiff, das die Elbe entlangtuckerte, die immer wieder aufs Neue so unendlich schönen, wechselnden Lichtstimmungen über dem Wasser ... An einem windstillen Tag duftete es nach Heu und Wasser, dazu fiel ein sanfter Sommerregen und bildete seltsame Zeichnungen auf dem Fluss. Ich stellte mich auf das Vorschiff und ließ mich vom warmen Regen bis auf die Haut durchnässen, ganz gelassen. Als der Regen mir zu arg wurde, schlüpfte ich in trockene Klamotten, zog meinen Stuhl unter das kleine Vordach und beobachtete trocken und geschützt das Naturschauspiel. An manchen Tagen kleidete sich der Himmel in ein schickes grau-rot-blaues Streifenkleid. Und eines Abends sah ich zum ersten Mal einen türkisfarbenen Himmel mit Goldrand.

Nachts schlummerte ich mit dem leisen Plätschern der Wellen an den Rumpf ein, hörte Gänse, Enten und Austernfischer, die ich bis dahin nur von den Küsten kannte. Und war selig. Tagsüber beobachtete ich Graugänse mit ihren Jungen, wurde von den Enten mit ihren Küken angefaucht und lachte über den putzigen Nachwuchs der Blässhühner. Bald gehörten die Naturbeobachtungen zu meinem Tag wie für andere Menschen die Geräusche der Nachbarn. Ich liebte es, den langsamen Flug der Graureiher zu beobachten. Sie sehen dabei so gemächlich aus, fast scheint es, als seien sie zu langsam, um sich in der Luft zu halten. Die Blässhühner waren angriffslustige Gesellen. Nicht nur, dass sie sich aufplusterten, wenn ich am Steg an ihnen vorbeiging. Sie machten auch Jagd auf so ziemlich alles andere Wassergeflügel, scheuchten Enten durch den Hafen und verjagten sogar die großen Graugänse. Theater frei Haus bekam ich an so manchem Tag vom Vorschiff aus. Wenn etwa die Möwen laut kreischend um einen Fisch stritten. Oder wenn die Kormorane – die ich immer nur schwimmende Hälse nannte, weil ihr Körper so tief im Wasser lag, dass man nur den Hals schwimmen sah – versuchten, einen Fisch in den Schlund zu bekommen. War die Beute zu groß, mussten sie ihn immer wieder hin und her werfen, das dauerte bisweilen ziemlich lange. Dann aber drohte Gefahr von den Möwen, die dem Kormoran seine Beute abluchsen wollten. Stiller hingegen waren die Haubentaucher. Wie seltsam geformte Flottillen trieben diese eleganten Vögel schlafend über das Wasser, den Kopf ins Gefieder gesteckt.

Ich konnte mich nicht sattsehen am Tidenhub. Vier Meter ging es im Normalfall zwischen Ebbe und Flut auf und ab. Als ich meiner Freundin Monika, die bei einem Naturschutzverband arbeitet, davon erzählte, wusste sie zu berichten, dass der Tidenhub früher, vor all den Ausbaggerungen und Vertiefungen der Elbe, in meinem Hafen nur etwa anderthalb Meter betragen hatte.

Ich entdeckte einen Baum auf der Mole, der mein »Referenzbaum« wurde. Schon in den ersten Tagen auf der Lotte hatte ich bemerkt, dass er mal weit aus dem Wasser herausragte, mal kaum zu sehen war. So hatte ich mir angewöhnt, meinen Blick gleich morgens zu diesem Baum wandern zu lassen, um an ihm abzulesen, wie hoch das Wasser stand. Nach wie vor sehe ich an diesem Baum, ob der Wasserstand normal ist, ungewöhnlich hoch oder tief. Bei sommerlichem Ostwind reicht die Flut kaum an seine Wurzeln, die ersten Herbststürme allerdings treiben das Wasser bis in seine Krone. Auch die Aussicht vom Vorschiff verändert sich mit Ebbe und Flut. Ist das Wasser auf dem Höchststand, so kann ich zwischen den beiden Molenköpfen durch die Hafeneinfahrt weit, weit über die Elbe schauen. Wenn das Wasser fällt, treten die steinernen Molensockel weiter hervor, der Blick auf die Elbe verengt sich. Ich begann, mit Ebbe und Flut zu leben. Das Auf und Ab des Wassers war auf der Lotte nicht zu spüren, aber immer an der Mole zu sehen. Mein Schiff und der Steg, an dem es lag, wurden bei Flut unmerklich angehoben und sanken bei Ebbe ebenso wieder ab. Die Schwimmstege meines Hafens sind begrenzt durch hohe Stahldalben, die tief in den Elbschlick gerammt sind. Sie dienen als Befestigung, damit sich die Schwimmstege bei Hochwasser nicht selbstständig machen und davonschwimmen. Diese Dalben haben eine gewaltige Höhe, sodass auch bei Stürmen, wenn das Wasser sehr hoch aufläuft, die Stege an ihrem Platz bleiben. Der Ostwind treibt das Wasser stets sehr weit hinaus, sodass sich mitten im Hafen große Schlickflächen bilden. Viele Boote, deren Besitzer nicht wissen, dass es hier Untiefen gibt, bleiben dann stecken und man muss warten, bis das Wasser die Schiffe wieder befreit.

Umgeben nur vom Wasser nahm ich die Geräusche der Natur nun viel deutlicher wahr als in der Stadt. Lag ich im Bett, lauschte ich dem Wind. Der Ostwind wehte mir durchs geöffnete Schlafzimmerfenster ins Gesicht und die Wellen gluckerten unter meinem Schlafzimmerfenster. Bei West- oder Südwestwind hörte ich das Wasser auf der anderen Seite der Lotte schmatzend auf den Rumpf treffen, sodass ich schon im Bett die Windrichtung hören konnte. War es sehr stürmisch, klapperten die Schotten, die Schiebeverdeckungen, die man vor jedes Fenster ziehen kann. All diese Geräusche gehörten bald zu meinem Alltag und ich liebte sie. Ebenso liebte ich es, wenn sich Ruhe ausbreitete. An den seltenen windstillen Tagen vernahm ich nur das Geschnatter der Gänse, das Blubbern der Binnenschiffe, die auf der Elbe vorbeifuhren. Ja, so hatte ich leben wollen.

»Du bist ein ganz anderer Mensch geworden«, schrieb Maria. »Du bist viel selbstbewusster, das kann ich sogar aus deinen Mails lesen. So fröhlich und gut gelaunt habe ich dich vorher nie erlebt!«

Kein Wunder, wir hatten uns erst kennengelernt, als ich schon verheiratet war. Die Vorher-Nicola kannte sie nicht. Ja, ich war wirklich ein anderer Mensch geworden. Dazu gehörte auch, dass ich mich an Bord anders bewegte als an Land. Unter der Woche war meist kein Nachbar von den kleinen Motorbooten da. Ich schlappte dann auch schon mal in Unterwäsche draußen herum, es sah mich ja niemand. Eine ganz ungewöhnliche Lässigkeit, hatte ich doch vorher in der Stadt stets so gelebt, dass man sich besser nur komplett angezogen vor die Tür wagte. Eines Abends, als ich mich schon ausgezogen hatte, um ins Bett zu gehen, schrieb mir Alex eine SMS: »Hast du den Mond gesehen, der ist wahnsinnig, ganz groß und rot.«

Splitternackt, wie ich war, sauste ich nach draußen auf den Steg und murmelte angesichts des orangefarbenen Riesenmondes knapp über dem Horizont: »Wie schön ist das denn?«

Da kam leise von einem der Nachbarboote ein »N'Abend.«

Ich erschrak, dachte aber gleich darauf: Der hat bestimmt schon mal 'ne nackte Frau gesehen, wandte mich, so würdevoll es angesichts meiner Nacktheit eben ging, um und sagte: »Toller Mond, nicht wahr?«

So ging es mir an Bord gut, aber auch das Nachhausekommen wurde zur Reise in mein persönliches Glück. Immer, wenn ich von der Arbeit zurückkehrte, war sie da, diese Freude, die mich über den Steg zu meiner Lotte fliegen ließ. In diesem Sommer besuchte ich nur selten Freunde – sie kamen alle zu mir. Gemeinsam berauschten wir uns an meinem neuen Ort. Und wenn mein Besuch wieder gegangen war, saß ich in der Dämmerung oft noch lange auf dem Vorschiff und nahm die Naturgeräusche auf. Eines Abends hörte ich eine Nachtigall und lauschte froh und dankbar ihren trillernden

Melodien. Wenn die Sonne unterging und die gesamte Elbe sich in flüssiges Gold verwandelte, dachte ich, ich müsste gleich wie ein Heliumballon davonfliegen, weil es so unfassbar schön war. Was für ein Glück, dass ich damals noch nicht wusste, was noch alles auf mich zukommen würde.

So vieles war neu für mich, so vieles auch aufregend. Einmal, als die Sonne untergegangen und es dunkel geworden war, ertönte ein tiefes Brummen, ein seltsames, riesiges Ungetüm schob sich in den Hafen, gespenstisch beleuchtet. Es sah aus wie ein urzeitliches Ungeheuer, das mich zu verschlingen drohte. Mir lief ein Schauer über den Rücken. Was sich da in den Hafen schob, erwies sich bei näherer Betrachtung allerdings als ganz normales Binnenschiff, das auf der anderen Seite der Hafenbucht anlegte. Auch an sie gewöhnte ich mich rasch, diese Riesen, die mit sanftem Gebrumm in den Hafen kamen und auf der gegenüberliegenden Seite anlegten. Nur hatte ich so etwas im Dunkeln und aus solcher Nähe noch nie gesehen. Bald gehörten die an- und ablegenden Binnenschiffe zu meinem täglichen Leben, manche kamen immer wieder. Und manches Mal schlief ich mit dem Blubbern eines Schiffsdiesels ein, der von der anderen Hafenseite herüberschallte. Autos, Flugzeuge, sie hatten mich immer am Schlafen gehindert. Doch das gleichförmige Geräusch eines Schiffsmotors störte mich nie beim Schlummern. Schon damals, wenn ich mit meinem Mann auf unserem Segelboot die Trave hinaufschipperte und wir den Diesel anwerfen mussten, weil kein Wind ging, war ich problemlos eingeschlafen, genau über dem Motor.

Die Geräusche der Schiffe kannte ich, aber manche Naturgeräusche waren mir völlig fremd. Eines Tages hörte ich ein seltsames Geräusch, ein unregelmäßiges Gluckgluck, das die gesamte Lotte erfüllte. Was aber war die Ursache? Ich blickte aus dem Fenster und sah: Regentropfen im Wasser. Und das bei wolkenlos blauem Himmel. Verwundert ging ich aufs Vorschiff, um die Ursache zu ergründen, und sah nun überall im Hafen kleine Bläschen aufsteigen. Ich befragte den Hafenmeister zu diesem Phänomen, der mir erklärte, dass im Sommer bei niedrigem Wasserstand Faulgase aus dem Elbschlamm an die Oberfläche perlten. Und da die Lotte wie eine riesige Trommel ist, hörte ich das Glucksen überall im Schiff. Es klang gemütlich und bald sehr vertraut.

Ein anderes Mal schoss ich eines frühen Morgens aus dem Bett hoch, aufgeschreckt durch sehr lautes Hämmern, das durch den gesamten Schiffskörper drang. War irgendein Gerät kaputtgegangen? Sanken wir? Klopfte irgendjemand von außen? Ich horchte genauer hin und ortete das Geräusch, das vom Dach kam. Ich ging auf den Steg und sah von dort aus, dass sich eine Silbermöwe mit ihrer Beute, einem Fisch, auf mein Dach verzogen hatte, um diesen in Ruhe zu zerhacken. Von da an wusste ich Bescheid, wenn wieder einmal das seltsame Geräusch zu hören war.

Gelegentlich hörte ich nachts im Bett seltsame, dumpfe Schläge an der Bordwand. Ich suchte mit einer Taschenlampe nach der Ursache, hatte Sorge, dass schweres Treibgut vielleicht den Rumpf der Lotte beschädigen würde. Aber nein, es waren springende Fische. Gelegentlich prallten sie bei den Hüpfern hart mit dem Kopf gegen die Bordwand.

All diese kleinen Besonderheiten sorgten dafür, dass ich mich sehr wohl fühlte auf meinem Schiff. Ich entspannte mich, war mir sicher, mit dem Kauf der Lotte genau das

Richtige getan zu haben. Ich hatte mein Leben nach dem Schock fest in beide Hände genommen, hatte mir etwas ganz Neues aufgebaut und war einen Schritt gegangen, zu dem viel Mut gehört hatte. Dabei hatte ich die Nicola hinter mir gelassen, die ich in den Jahren zuvor gewesen war. Ich bereute nichts.

## KAPITEL 12

# Geteilte Freude

Das Glück an meinem Wohnort wollte ich mit Freunden teilen. »Kommt mich doch besuchen«, lud ich sie ein, als ich endlich alle Kartons ausgepackt und alle Möbel an ihren Platz gerückt hatte. Sie kamen gern, blieben oft auch über Nacht und jeder, wirklich jeder behauptete am nächsten Morgen, noch nie so gut geschlafen zu haben wie auf der Lotte. Manche Freunde luden sich auch gern selbst ein, um endlich mal wieder mein Hausboot zu genießen, wie Edith und ihr Mann Jörn, die eines Tages zum Schwimmen vorbeikamen und ihr Waffeleisen mitbrachten. Wir plantschten im Wasser und gingen erfrischt auf die Terrasse der Lotte, saßen dann in der milden Sonne, buken direkt über dem Wasser unsere Waffeln und fühlten uns wie die Könige. Ein Paradies und ich lebte darin.

Auch Helge machte sein Versprechen von der Bootstaufe wahr und kam mich besuchen.

»Hast du Lust zu grillen?«, fragte ich ihn vorher.

»Klar, bei dem tollen Sommerwetter! Ich bring den Wein mit!«

»Du kannst hier schlafen, wolltest du doch sowieso mal ausprobieren.«

Es war ein ganz wunderbarer Sommerabend, warm, aber nicht zu heiß, ein feiner, leichter Wind ging, das Wasser schimmerte, wir setzten uns sofort auf die Terrasse. Ich schenkte Wein ein, legte den Fisch auf den Grill und setzte mich zu Helge.

»Das ist wirklich schön geworden hier«, sagte er. »Man merkt, wie wohl du dich fühlst!«

Bald drehten sich unsere Gespräche um das Leben im Allgemeinen und unser Leben im Besonderen. Helge hatte nach dem Abitur zunächst eine einjährige Work-and-Travel-Reise durch Australien gemacht, dann begonnen zu studieren. Ich erinnerte mich gut an den Anruf, der eines Tages von ihm kam: »Ich glaube, ich werde Koch, das Studium ist nicht das Richtige für mich, ich muss was mit den Händen machen.«

»Du weißt schon, dass das ein unglaublich anstrengender Beruf ist, noch dazu schlecht bezahlt«, hatte ich ihn gewarnt.

»Ja, aber ich habe auf meiner Australienreise gemerkt, dass mir das Kochen sehr viel Spaß macht«, hatte er geantwortet, sich bald darauf in einem der besten Restaurants Hamburgs beworben und dort seine Lehre gemacht. Danach war er nicht in eine feste Stellung gegangen, sondern hatte einen ganz anderen Weg gewählt: Er kochte als Urlaubs- und Krankheitsvertretung in verschiedenen Restaurants der Stadt. Außerdem arbeitete er mit einer Firma zusammen, die hochwertiges Catering für Messen und Veranstaltungen anbot – überall in der Welt. So konnte er neben dem Kochen auch seiner zweiten großen Leidenschaft, dem Reisen, frönen. Über diesen Berufsweg sprachen wir nun.

»Viele meiner gleichaltrigen Freunde haben inzwischen Familie, einen festen Job und bezahlen ihr eigenes Haus ab«, erzählte Helge. »Manchmal denke ich, ich sollte so wie sie leben.«

»Willst du das denn?«, wollte ich wissen und nahm einen Schluck Wein.

»Nein, ich mag mein Leben so, wie es ist.«

»Na, dann lebe es doch weiter so. Wenn du es irgendwann anders haben willst, wirst du es schon merken.«

Er überlegte.

»Ich finde es mutig, wie du dein Leben gestaltest. Ein bisschen beneide ich dich sogar um diese Freiheit, ich würde mich das nie trauen.« Nach einer kleinen Pause fügte ich schmunzelnd hinzu: »Du bist eben nicht so ein spießiger Langeweiler wie deine Cousine Nicola!«

Daraufhin brach er in Gelächter aus. »Klar, eine Frau, die auf einem Hausboot lebt und Trauerrednerin ist, das ist wirklich megaspießig! Ich gebe immer an mit meiner tollen Cousine.«

Der Fisch schmeckte köstlich und wir saßen bis tief in die laue Sommernacht draußen und leerten nicht nur eine Flasche Wein. Wir fanden kaum ein Ende in unseren Gesprächen, bis wir irgendwann im zarten Morgengrauen doch ins Bett sanken. Als ich mich am nächsten Morgen leise von Bord schleichen wollte, um Brötchen zu holen, rief Helge mich ins Gästezimmer. Er saß da mit zerzaustem Haar und einem breiten Lächeln im Gesicht. »Hier fühlt man sich wie im Himmel!« Im Logbuch notierte ich: »Helge war zum Grillen und über Nacht da, er ist ein toller junger Mann, der seinen Weg machen wird. Superschöner Abend, tolle Gespräche.«

Wie spektakulär so ein Hausbootleben auf andere Menschen wirkte, merkte ich auch, als Margret, eine befreundete Kollegin aus meiner Zeit als angestellte Trauerrednerin, kam, mitsamt ihrer ganzen Familie. »Meine Mutter und mein Bruder wollen mal sehen, wie du wohnst«, sagte sie. »Du brauchst dich um nichts zu kümmern, Mutti backt einen Kuchen.«

Und da kamen sie: Die neunzigjährige Dame kletterte behutsam den Abgang zum Steg hinab, wobei sie sich an den Arm ihrer Tochter klammerte.

»Das ist ja gar nicht mal so einfach, zu Ihnen zu kommen«, meinte sie, als sie sich erschöpft auf den Stuhl sinken ließ. »Aber der Ausblick ist famos!«

Margrets Mutter war ein Ausbund an Energie. Die alte Dame lebte nach wie vor ganz allein in ihrem Haus mit großem Garten, den sie bewirtschaftete. Von früh bis spät war sie auf den Beinen, jätete und erntete, kochte und weckte ein. Margrets geistig behinderter Bruder fand den Besuch auf der Lotte weniger schön. »Man sieht das Wasser unter dem Steg«, beklagte er sich, das war ihm unheimlich. Noch Jahre danach erzählte er von dem für ihn furchtbaren Erlebnis. Er vermisste den festen Halt des Landes. Dennoch hatten beide unbedingt diese seltsame Person kennenlernen wollen, die da auf einem Schiff hauste.

Ein anderes Mal lag ich nach einer anstrengenden Arbeitswoche eines sehr frühen Sonntagmorgens im Bett, es war wohl etwa sieben, halb acht, döste vor mich hin. Plötzlich sagte jemand laut und vernehmlich vor meinem Schlafzimmerfenster: »Eisenschink!« Ich schoss aus dem Bett auf das

Vorschiff, da stand Alex strahlend vor mir. Sie kam mit Brötchen zum Frühstück, als Überraschung. Bis zu diesem Zeitpunkt hatte sie es noch nicht geschafft, mich zu besuchen, sie wohnte auf der anderen Seite der Stadt und hatte immer viel zu tun. Nur Fotos von der Lotte kannte sie und ließ sich nun alles von mir zeigen. »Das ist ja noch viel schöner als auf den Bildern! Ich bin stolz auf dich, dass du deinen Traum wahrgemacht hast.« Wir bereiteten uns ein fürstliches Frühstück auf der Terrasse zu. Bald standen knusprige Brötchen, selbst gemachte Marmeladen, Kaffee, Orangensaft und gekochte Eier auf dem großen Tisch auf dem Vorschiff. »Zusammen frühstücken ist ja sowieso schon schön«, meinte Alex, »aber hier auf der Lotte ist es der Hammer.« Stundenlang saßen wir da, führten Freundinnengespräche. Alex hatte mir ein Geschenk mitgebracht, das mir einmal mehr ihre große Fantasie zeigte: Sie hatte ein kleines Spielzeugboot mit Salz befüllt, brachte mir also statt Brot und Salz nun Boot und Salz. Eine ihrer vielen liebevoll-verrückten und kreativen Ideen. Ich notierte in mein Logbuch: »Zweites Boot von Alex bekommen.«

All diese Besuche bedeuteten mir viel. Ich freute mich, vertrauten Menschen mein nun endlich fertiges Schiff zu zeigen, mit ihnen meine Freude am Hausbootleben zu teilen. Ich lud alle Leute ein, die mir in den Sinn kamen. Ich glaube, ich hatte noch nie so viel Besuch wie in diesem ersten Sommer. Alle Gäste waren mir stets willkommen, auch die unangekündigten. Ich war so stolz, ihnen meinen ungewöhnlichen Lebensort zeigen zu dürfen. Wenn ich die Begeisterung der Menschen sah, war ich mir sicher, das Richtige getan zu haben.

Jeder, aber auch wirklich jeder, der die Lotte zum ersten Mal im Sommer besuchte, benahm sich gleich: Wer mein Schiff noch nie gesehen hatte, dachte offensichtlich, dass ich in einer Art spartanischer Gartenhütte auf dem Wasser wohnte. Sie waren erstaunt, wenn sie die großzügigen Räume sahen und dass ich den ganz normalen Luxus hatte, den auch jeder an Land Lebende kennt: fließendes Wasser, eine Dusche, eine Toilette, neben dem eigenen Schlafzimmer sogar eines für Besuch. Und eben diesen wunderbaren großen Raum, in dem ich lebte, arbeitete und Gäste bewirtete. Und wenn sie das Vorschiff betraten, waren sie hingerissen, umgeworfen und – ja – auch ein bisschen neidisch. Kaum einer, der nicht deutlich länger verweilte, als zunächst geplant war. Irgendwann verstummten die Gespräche immer, die Blicke glitten übers Wasser, die Ruhe der Lotte hatte auch meine Besucher ergriffen.

Doch ich liebte es auch, allein auf meiner Lotte zu sein, gewöhnte mich an das Leben mit viel freiem Raum um mich herum, ganz nah an der Natur. Irgendwann wurden die Tage kürzer. Oft saß ich bei Kerzenschein – natürlich nur, wenn nicht zu viel Wind ging – auf der Terrasse, hörte den Grillen zu und atmete die warme Luft. Manchmal warf der Vollmond eine fahle, leuchtende Straße aufs stille Wasser, die Grillen zirpten und die Fledermäuse sausten über den Himmel. Wo, so fragte ich mich oft, wo anders konnte es so schön sein wie auf meiner Lotte? Ich erinnerte mich wieder an mein Gespräch mit Carina, der ich bei meiner Liegeplatzsuche begegnet war. Ich musste ihr recht geben: Wer einmal auf dem Wasser gelebt hat, will es niemals mehr anders haben – so ging es mir nun auch. So hätte es gern immer bleiben können. Mein Lebensmut, meine Lebensfreude waren so groß wie lange nicht mehr. Das Leben auf der Lotte war so viel schöner, als ich es mir in meinen kühnsten Träumen ausgemalt hatte.

## KAPITEL 13

# Fremde werden Freunde

Moin, moin«, tönte es im Frühsommer durch die Eingangstür. Bernd, einer der Stegnachbarn, »rief mir auf dem Weg zu seinem Boot, das ein Stück weiter vorn am Steg lag, kurz einen Gruß rein. »Sag mal, willst du eigentlich das ganze Jahr hier wohnen?«

»Ja, genau das habe ich vor!«

»Mutig, mutig, im Winter wird das sicher nicht so leicht.«

»Ach, das wird schon«, rief ich zuversichtlich zurück.

Er war schon wieder gegangen, da kam er noch einmal zurück. »Wenn du eh den ganzen Winter da bist, könnte ich dir vielleicht meine Schlüssel geben, falls mal irgendwas mit meinem Boot sein sollte? Das wäre klasse.«

»Klar, reich sie mir einfach rein, wenn du alles winterfest machst.«

Offenbar sprach es sich im Hafen herum, dass die Neue durchgehend auf dem Schiff wohnte und auch im Winter bleiben wollte, denn bald hatte ich von meinen Stegnachbarn jede Menge Telefonnummern und die Bitte, doch auch mal unter der Woche nach ihren Booten zu sehen. Meine neuen Nachbarn hatten nämlich – anders als die, die ich an Land gehabt hatte – immer frei, wenn sie auf ihren Booten waren. Der eine wollte einfach nur mit seinen Freunden und seinem Boot spazieren fahren, der andere mochte gern angeln. Das Leben an einem Steg ist etwas Besonderes, denn hier kommen sich Menschen nahe, die sich an Land vielleicht gar nicht begegnen würden. Auch ich schloss viele Bekanntschaften, ja, sogar Freundschaften, die ich in einer Stadtwohnung sicher nicht gemacht hätte. In diesem ersten Sommer brauchte ich gelegentlich sehr lange, um von der Mole zur Lotte zu kommen. Immer war irgendwer da, mit dem ich ein Schwätzchen hielt. Alle, die ihr Boot hier liegen hatten, waren in bester Freizeitstimmung, wenn sie an Bord waren. Es war ihr Vergnügen in ihrer arbeitsfreien Zeit. Und diese fröhliche Stimmung übertrug sich auf mich. Ich war immer gut drauf, fühlte mich wohl mit diesen so unterschiedlichen Menschen, war so offen und kommunikativ wie lange nicht mehr. Und ich hieß jeden gern willkommen – auch das ein neuer alter Wesenszug, der mir in meiner Ehe abhandengekommen war.

Zu den Nachbarn, die ihr Boot nur im Sommer nutzten, gehörte ein Rentnerpaar mit einem schicken und geräumigen Motorboot, das direkt neben der Lotte lag. Die beiden wohnten im Sommer auf ihrem Schiff und verließen es nur im Winter, um dann in einer kleinen Wohnung an Land zu leben. Er hatte mir damals geholfen, als ich mich in der Werkstatt eingesperrt hatte. Sie schwamm jeden Morgen in der Elbe, egal bei welchem Wetter. Diese Nachbarschaft war sehr angenehm, hin und wieder plauschten wir ein wenig, ließen uns ansonsten aber in Ruhe.

Genau gegenüber der Lotte lag ein Schiff aus den Drei-ßigerjahren. Auch seine Besitzer waren ausgesprochen sympathisch. Oft saßen sie bei schönem Wetter auf dem breiten Steg, tranken etwas und freuten sich des Lebens und manchmal setzte ich mich zu ihnen.

Eines Abends im Hochsommer, als ich über den Steg ging, lag da ein unbekanntes Motorboot, auf dem junge Leute saßen, die mich gleich freundlich grüßten. Ich trat neugierig näher und lernte Simone und Klaus kennen, die sich ihren Traum vom Schiff erfüllt hatten. Aus dem ersten netten Gespräch entwickelte sich eine Freundschaft und die beiden bezogen bald den Liegeplatz gegenüber der Lotte. Immer wenn sie am Wochenende oder an schönen Abenden zu ihrem Boot kamen, setzten wir uns zusammen, mal auf ihrem Schiff, mal auf meinem.

»Willst du mit, wir wollen auf die Elbe raus«, luden sie mich eines Abends ein.

»O ja, gern«, antwortete ich freudig, denn die Lotte hatte keinen Motor, sodass ich mit ihr nicht einfach auf die Elbe schippern konnte. »Ich hab noch eine Flasche Wein«, rief ich, holte sie rasch und sprang auf das Schiff. Dann ging es auch schon los und wir fuhren Richtung Hamburger Hafen. Es war ein wunderschöner, milder Abend, die Sonne ging gerade unter, alles leuchtete in zartem Rosa. Doch plötzlich ging der Motor aus.

»Was ist los?«, wollte ich wissen.

»Zu blöd«, meinte Klaus, »unser Motor hat irgendeinen Defekt, der geht öfter mal aus.«

»Und jetzt? Wie kommen wir zurück?«

»Wir müssen wohl den Hafenmeister anrufen, damit er uns zurückschleppt.« Klaus griff zum Handy.

Wir warfen vorsichtshalber einen Anker, um zu verhindern, dass die Strömung uns ans Ufer trieb und das Boot an den steinernen Begrenzungen Schaden nahm. Bald kam die Hafenbarkasse Käthe angetuckert, nahm uns an den Haken und schleppte uns zurück. Kein Ausflug also.

Einmal hatten Simone und Klaus zu einer Grillparty eingeladen, aber nicht bedacht, dass sie für über zwanzig Leute nur einen winzigen Grill hatten. »Hey, ich habe auch einen Grill, den schmeiß ich gleich mal an«, bot ich an. Rund zwanzig junge Leute trudelten nach und nach ein, brachten Würstchen mit, die wir auf meinem und ihrem Grill rösteten. Es wurde ein fröhliches Sommerfest über zwei Boote und den Steg, wir tanzten, lachten und freuten uns des Lebens. Nachts gingen wir in der Elbe schwimmen. Das war für mich das Sommergefühl schlechthin.

Nach einigen Jahren fanden Simone und Klaus, ihr Boot mache zu viel Arbeit, sie hätten es streichen und pflegen müssen. »Außerdem sind die Sommer oft so schlecht, dass wir kaum rausfahren können, die paarmal, das lohnt sich gar nicht«, fanden sie und verkauften ihr Schiff wieder. Schade, sie fehlen mir.

Hans, ein anderer Nachbar, machte es sich zur Angewohnheit, immer mal einfach im Wohnzimmer zu stehen. »Wollte nur mal guten Tag sagen«, war seine Erklärung. Ich konnte ihm diese nervtötende Angwohnheit nur dadurch abgewöhnen, indem ich eine Kette vor das Vorschiff hängte. Ebenso nervtötend fand ich die Clogs, mit denen Hans samstags oder sonntags schon früh klappernd über den Steg lief, sodass ich regelmäßig aus dem Bett fiel. Ein unmissverständlicher Hinweis von mir schaffte aber Abhilfe. Von da an trug Hans nur noch Schuhe mit weichen Sohlen.

Eines Tages im Spätsommer lag plötzlich ein neues Hausboot am Steg. Es war eines von diesen gartenhüttenähnlichen Holzgebäuden, das auf einem Ponton steht. Schnell machte ich die Bekanntschaft der neuen Nachbarin: Sabine. Sie wollte gar nicht dauerhaft auf dem Boot wohnen, sondern kam nur an den Wochenenden mit ihrem kleinen Sohn. Ihr Boot war ein Desaster, sie hatte es bei einer Werft gekauft, die das Ding offensichtlich halbherzig zusammengezimmert hatte, überall fand sie Mängel.

»Was soll ich nur tun?«, fragte sie verzweifelt.

»Such dir einen Anwalt und verklage den Bootsbauer auf Nachbesserung«, schlug ich vor.

Sie hatte den Traum vom Hausboot gehabt, konnte ihn sich aufgrund einer kleinen Erbschaft tatsächlich erfüllen und nun stand sie da mit einem fehlerhaften Schiff. Ich versuchte zu helfen, wo ich konnte. Ihr Schiff hatte mehrere Motoren, sodass sie auch damit fahren konnte. Theoretisch, denn sie selbst wusste gar nicht, wie das ging. Sie bekam aber – und darum beneidete ich sie manchmal – mit einem Augenaufschlag nahezu jeden Mann am Steg dazu, ihr zu helfen. Sie war eine schmale, kleine und hübsche Frau, die vermutlich bei den Männern den Beschützerinstinkt weckte. Ich selbst bin ziemlich groß und alles andere als niedlich, sodass kein Mann je auf die Idee kommt, ich sei hilfsbedürftig. Sabine war ziemlich ahnungslos, wusste weder, wie Stromkreise funktionieren, noch, wie man ein Boot führt, also half ich ihr, die Technik ihres Bootes zu ergründen. Bald lag ihr

Schiff neben der Lotte und wir freundeten uns an. Wer etwa am Wochenende als Erste Brötchen holen ging, brachte für die andere auch welche mit. Ihre Einweihungsparty war ein fröhliches Fest bis tief in die Nacht. Sabine war trotz all der Schwierigkeiten froh, ihren Traum wahrgemacht zu haben. Ich konnte dieses Gefühl so gut verstehen. Irgendwann aber zog sie fort. Sie hatte ihr Schiff an die Dove-Elbe verlegt, wo sie in einer Landwohnung direkt am Fluss wohnte. Ihr Schiff lag nun dort, wurde nie bewegt und diente einfach als Wasser-Gartenhütte. Sie liebte ihr kleines, schwimmendes Paradies. So findet jeder seinen eigenen Weg, mit einem Hausboot zu leben.

Immer wieder legte im Hafen jemand mit seinem Sportboot an, nur für ein Wochenende. Diese wildfremden Menschen kamen oft an meine Fenster. Sie legten ihre Hände ums Gesicht und an die Scheiben der stegseitigen Fenster und schauten herein. Sie zeigten auf mich wie auf ein Zootier. Einmal stand plötzlich eine Frau auf meinem Vorschiff und schaute durch die offene Terrassentür zu mir an den Schreibtisch.

»Ich will mir mal Ihr Hausboot ansehen«, verkündete sie selbstbewusst und stiefelte unaufgefordert in mein Wohnzimmer.

Ich war sprachlos ob solcher Dreistigkeit. »Machen Sie das immer so, dass Sie bei fremden Leuten einfach hereinmarschieren?«

Sie kicherte nur. »Ich will doch bloß mal schauen!«

Ich schickte sie weg und brachte Plissees an den stegseitigen Fenstern an.

An Land hatte sich wohl ebenfalls herumgesprochen, dass nun jemand fest auf dem Hausboot lebte. Denn eines Tages klopfte es an meine Tür. Eine Frau mit freundlichem, offenem Gesicht stand davor und lachte mich an. »Ich bin Billie, ein Freund hat mir erzählt, dass du hier lebst. Und ich wollte mal fragen, ob du mir ein paar Tipps geben kannst, ich würde auch so gern auf einem Hausboot leben«, sagte sie.

»Na klar, komm rein«, lud ich sie ein.

»Wie lange lebst du schon hier?«

»Erst seit Kurzem, ich bin in diesem Frühjahr eingezogen.«

»Ist das sehr anders als an Land?«

»Ja, total, ich lebe mitten in der Natur, es ist unglaublich ruhig und manchmal schaukelt es ein bisschen.«

»Was muss man denn alles beachten, wenn man auf dem Wasser lebt?«

Ich goss Billie Kaffee ein, den ich gekocht hatte, wir setzten uns und ich erzählte ihr von all den Hürden, die ich in den ersten Wochen meines Lotte-Lebens schon genommen hatte: Die zugeschlagene Tür, der »Unfall« mit dem Fäkalientank ...

»Und du darfst auf gar keinen Fall Angst vor Spinnen haben«, stellte ich fest.

»Wieso, gibt es hier so viele?«

»O ja, die fühlen sich auf dem Wasser wohl, weil es hier auch viele Mücken und Fliegen gibt. Neulich lag ich im Bett, da seilte sich eine Spinne direkt von der Decke ab in mein Gesicht!«

»Das ist ja nicht so schön, was machst du dann?«

»Es gibt ein Spinnenvergrämungsspray, das sprühe ich um Fenster und Türen, dann ist erst mal Ruhe. Aber ich finde Spinnen nicht schlimm, sie tun mir nichts und fangen die Insekten weg.«

»Die Lotte ist wunderschön«, sagte Billie, als ich ihr später alles gezeigt hatte. Ich freute mich, meine Erfahrungen an eine Gleichgesinnte weitergeben zu können und ihr damit offenbar Lust auf dieses Leben zu machen. Und dann kam mir ein Gedanke: Ich wollte für ein paar Tage zu meinen Eltern fahren und brauchte einen Katzensitter.

»Sag mal, Billie, könntest du dir vorstellen, ein paar Tage auf der Lotte einzuhüten? Ich bräuchte jemand, der auf Herrn Emma aufpasst.«

Billie hatte augenblicklich Tränen in den Augen. »Nichts lieber als das.«

Ein paar Tage später rückte sie mit Freund und Sohn an und ich übergab ihr die Schlüssel. Als ich von meinem Elternbesuch heimkam, war der Kühlschrank randvoll und eine köstliche Hühnersuppe stand auf dem Herd. Seither hütet Billie hin und wieder mein Boot – eine gute Gelegenheit für sie, zumindest zeitweise den Traum von einem Hausboot auszuleben, den ihr Freund nicht teilt, sodass sie nach wie vor an Land wohnen.

## KAPITEL 14

# Ein Stadtteil zum Dableiben

Von Anfang an hatte ich mich an meinem neuen Ort wohl und angekommen gefühlt. In Hamburg hatte ich schon einige Male nicht nur meine Wohnung, sondern auch gleich den Stadtteil gewechselt. Jedes Mal hatte ich etwa ein Jahr gebraucht, um mich heimisch zu fühlen. Nicht so in den Vierlanden. Schon bei der ersten Lotte-Besichtigung hatte ich das Gefühl gehabt, nach Hause zu kommen. Aber es dauerte trotzdem ein Jahr, bis ich endlich verstand, warum ich hier so glücklich war. Es ist das Marschland. Diese karge, platte Landschaft, über der sich weit der Himmel spannt und in der meine Seele aufatmet. Ich komme aus Oldenburg, einer Stadt, die auch inmitten einer Marsch liegt. Ich liebte diese karge Weite schon als Kind. Windzerzaust und still im Winter, die wenigen Farben, Grau, dunkles Grün. Aber darüber immer dieser unglaublich weite, hohe Himmel. Im Sommer ist die Marschlandschaft heiter und schlicht, sagt selten: »Seht her, wie hübsch ich bin.« Sie hat einen Reiz, der sich eher beim näheren Hinschauen erschließt. Das hatte ich nun ein Jahr lang getan und mir wurde klar, dass ich meinen Hamburger Stadtteil gefunden hatte. Hier wollte ich nie wieder weg.

Die Vierlande sind traditionelles Bauernland, ganz korrekt heißen sie Vier- und Marschlande und bestehen aus Curslack, Kirchwerder, Neuengamme und Altengamme. Im 17. und 18. Jahrhundert wurden hier vor allem Gerste und Hopfen angebaut, heute sind es Gartenpflanzen und Gemüse. Früher transportierten die Bauern ihre Ernte mit Schiffen, den Ewern, in die Hamburger Innenstadt. Sie verdienten gutes Geld mit dem fruchtbaren Marschboden und bauten sich prächtige Fachwerkhäuser davon. Heute fahren die Bauern ihr Gemüse nicht mehr umständlich mit Ewern die Elbe hinauf, sie benutzen Lastwagen, um zum Gemüse- und Blumengroßmarkt zu kommen. Überall in den Vierlanden sieht man Gewächshäuser. Noch heute, obwohl inzwischen viele Bauern aufgegeben haben, denn die Margen beim Anbau und Verdienst sind zu gering geworden. So fahre ich manchmal an alten Gewächshäusern vorbei, die wild von Brombeerranken überwuchert sind, die Dächer sind eingestürzt, die Glasscheiben zerborsten. Doch einige Landwirte nutzen ihre gläsernen Häuser nach wie vor zum Anbau von Gemüse und Blumen. An winterlichen Tagen scheint schon früh das Licht durch die Scheiben, erzählt vom Fleiß der Landwirte. Und im Frühjahr leuchtet es blau, gelb und orange durch die Scheiben: Tausende von Stiefmütterchen warten darauf, von Gärtnern gekauft und eingepflanzt zu werden. Zwischen den Gewächshäusern liegen die Felder, auch hier sind viele aufgegeben und überwuchert. Große Flächen werden von Mais bedeckt, aber hier und da gibt es auch kleinere Felder, auf denen immer noch leckeres Gemüse angebaut wird. Obwohl dieser Stadtteil nur zwanzig Minuten mit dem Auto vom Hamburger Hauptbahnhof entfernt ist, fühle ich mich hier stets, als wäre ich weit, weit draußen.

Schon der Weg zu meinem Zuhause ist etwas Besonderes. Wenn ich aus der Stadt heimfahre, führt er zunächst durch ein riesiges Gewerbegebiet, die Straße ist ein Autobahnzubringer, die Gegend trostlos und abweisend. Nachts erzeugen riesige Scheinwerfer ein gespenstisches Licht, wie auf einem unwirtlichen, fremden Planeten. Doch wenn ich auf die Deichstraße abbiege, bin ich jäh in einer anderen Welt: Nur noch Weite und Natur, Himmel, Himmel, Himmel. Ich grüße den Storch, zwinkere den Schafen zu. Meist drehe ich an dieser Stelle die Musik ganz laut auf, um mitzusingen. Oder ich stelle sie ab, um die Naturgeräusche zu hören. Ganz nach Tagesform. Lasse mir im Sommer durch die weit geöffneten Autofenster den warmen Wind durch die Haare fegen. Und nach einigen Kilometern biege ich in den Weg zu meinem Hafen ab, umrunde einmal die Bucht und winke der Lotte schon von der anderen Seite zu.

Schon bald war mir klar: Ich wollte hierbleiben, am liebsten für immer. Also war es an der Zeit, meinen Blick über den »Stegrand« zu weiten und neue Menschen kennenzulernen. Beim Tanken hatte ich einen Flyer gesehen: »Mitmachgartenbau – frisches Gemüse zum Selbererntzen«. Ich hatte den Prospekt mitgenommen – und vergessen. Doch plötzlich tauchten überall diese bunten Broschüren auf und ich stellte fest, dass dieser »Mitmachgartenbau« ganz bei mir in der Nähe war. Ich konnte also problemlos vorbeischauen.

»Ich bin Jantje«, begrüßte mich freundlich eine schmale, junge Frau. »Herzlich willkommen, sieh dich ruhig um.«

»Wie funktioniert das hier?«, wollte ich wissen.

»Ich habe dort, wo man schon ernten kann, Schilder hingestellt«, erklärte Jantje mir. »Du nimmst dir einfach, was du willst, dann wird's gewogen, du bezahlst und fertig!«

»Klingt gut!«

»Soll ich dir zeigen, wie man die einzelnen Gemüsesorten am besten erntet?«

»Sehr gern.«

Wir durchstreiften die Ackerflächen, auf denen die unterschiedlichsten Gemüse sprossen.

»Eigentlich bin ich Augenoptikerin«, erzählte Jantje. »Aber ich will nicht mehr in diesem Beruf arbeiten, also habe ich mir was anderes gesucht.«

»Wie bist du denn auf die Idee mit dem Mitmachgarten gekommen?«

»Mein Schwiegervater hat früher auf diesem Gelände, auf dem wir jetzt wohnen, Gemüse angebaut. Also dachte ich irgendwann, dass ich ja mal für meine Familie eigenes Gemüse pflanzen könnte, ohne Dünger und Gift.

Hier, schau mal, die rote Bete siehst du ja schon aus der Erde wachsen. Die größten kannst du einfach ernten, die kleineren lässt du noch stehen.« Wir schlenderten weiter.

»Und? Reichte dir der Anbau für die eigene Familie nicht?«

»Na ja, von manchen Sorten hatte ich dann so viel, dass ich es vorn an der Straße an einem kleinen Stand verkauft habe. Das fanden die Leute so toll, dass mein Gemüse ganz schnell ausverkauft war. Dann kam mir die Idee, mehr anzubauen, um auch mehr davon verkaufen zu können. Irgendwann dachte ich dann, ich hätte Lust, das Ganze professioneller zu betreiben. Dann habe ich von meinem Schwiegervater ein größeres Gelände gepachtet und angefangen, eine große Auswahl verschiedener Gemüsesorten anzubauen. Auch Gewächshäuser für Gewürzpflanzen und Tomaten hab ich dazugenommen.«

»Aber das war ja noch kein Mitmachgartenbau. Wie bist du denn auf die Idee gekommen?«

Sie lachte und sagte: »Gemüsestände gibt's hier an jeder Ecke, also musste ich mir was Besonderes ausdenken. Magst du Möhren?«

»Klar, ich liebe Möhren!«

Sie zog ein paar aus der Erde und reichte sie mir. »Viele Kinder wissen gar nicht mehr, wie welches Gemüse wächst. Da kam mir die Idee, dass meine Kunden es selbst ernten könnten. Erst nur an einem Tag in der Woche, nun sind es schon drei.«

»Seit wann machst du das schon?«

»Erst seit diesem Jahr so richtig.«

»Meinst du, dass das klappt?«

»Ich will das einfach mal probieren.«

Inzwischen waren wir bei den Gewächshäusern angekommen. Hier hatte Jantje Tomaten, Auberginen, Zucchini, Gurken und Kräuter angebaut. Ein Geruch nach feuchter Erde stieg mir in die Nase, als sie mir die Tür öffnete.

»Um ein bisschen Werbung für den Mitmachgartenbau zu machen, biete ich Kräuterseminare an und lade zum Beispiel zum Kartoffelfest ein. Da kommen viele Familien mit Kindern und wühlen begeistert in der Erde. Und manche kommen dann immer wieder. Hier, schau mal«, sie deutete auf eine große Tomatenpflanze, »das ist eine uralte Sorte, die

Samen habe ich von einer Nachbarin bekommen. Probier die mal, die Dinger sind der Hammer!«

Etwas skeptisch nahm ich eine Handvoll mit. Die unspektakulär aussehenden, blassen Früchte sahen nicht eben verlockend aus. Aber wie ich feststellte, konnte ich daraus die leckerste Tomatensauce kochen, die ich je gegessen hatte.

Von nun an war ich oft zu Gast bei Jantje und freute mich, dass ihre Idee so gut ankam. Bald hatte ich feste Rituale, um mir mein Gemüse zu besorgen: Wenn ich zu Jantje und ihrem Mitmachgartenbau ging, war ich in einem Paradies. »Die Erdbeeren sind reif«, rief sie mir im Juni schon von Weitem zu. Dann hockte ich zwischen den Erdbeerpflanzen, pflückte die sonnenwarmen Früchte und probierte dabei gleich an Ort und Stelle. Der Geschmack meiner Kindheit explodierte in meinem Mund, ich hatte meiner Oma Lotte immer bei der Erdbeerernte geholfen und niemals den intensiven Geschmack dieser Früchte wiedergefunden. Bei Jantje schmeckten sie wie bei Oma Lotte. Ich buddelte den ersten frischen Knoblauch aus und entdeckte Spinat, im Gewächshaus standen Gurken und Zuckererbsen. Ich liebte es, so einzukaufen. Das war in der Stadt nicht möglich. Gift- und düngerfreies Gemüse selbst ernten, mit erdigen Fingern nach den Kartoffeln suchen oder die ersten köstlichen Tomaten vom Strauch pflücken, das ist für mich ein Luxus, eine unschätzbare Lebensqualität. Zu wissen, wann was wächst, wann es reif ist, das erdet.

Als ich an einem Sonnabend im August zum Einkaufen fuhr, sah ich am Straßenrand ein schönes, handgeschriebenes Schild: »Kaffee und Kuchen bei den Ackerperlen – jeden Sonnabend!« Ein neues Café hier in der Gegend? Ich hatte noch gar nichts davon in der Zeitung gelesen, in der immer über alles Neue in den Vierlanden berichtet wurde. Ich war neugierig und steuerte das Haus der Ackerperlen auf dem Rückweg vom Einkauf gleich an.

Ich wurde herzlich von zwei Frauen empfangen, die sich mir als Alex und Petra vorstellten. »Wir sind die Ackerperlen.«

»Okay, und was macht ihr?«, wollte ich wissen.

»Wir haben eine kleine Bio-Landwirtschaft«, erklärte Alex. »Und jeden Sonnabend laden wir zu selbst gebackenem Kuchen ein, es ist aber kein Café, sondern eher ein erweiterter Freundeskreis, der sich hier zum Kuchenessen trifft.«

»Wir verkaufen Abokisten, die holen die Leute jeden Sonnabend hier bei uns ab«, ergänzte Petra. »Am Samstag kann aber auch jeder vorbeikommen und unser frisch geerntetes Gemüse kaufen. Wir haben uns gerade damit selbstständig gemacht. Ich hatte ja vorher einen ganz anderen Beruf, aber Alex ist Landwirtin und wollte so gern einen eigenen Bio-Betrieb haben. Er musste in der Nähe der Stadt und meiner Arbeitsstelle sein. Alex hatte vor Jahren schon in den Vierlanden gelebt und mich hierher geschleppt. Ich war gleich verliebt, wir wollten hier mit unseren Kindern leben. Unser Gemüse kann man aber nicht nur direkt bei uns kaufen, sondern auch im Café Entenwerder. Kennst du das Ponton-Café?«

»Klar, Entenwerder 1, auf dem Ponton auf der Elbe, das ist bezaubernd«, schwärmte ich.

Ich entdeckte auf ihrem Grundstück einen Bauwagen. »Wer wohnt da?«, wollte ich wissen.

»Den vermieten wir an Leute, Touristen, die Hamburg mal von einer anderen Seite kennenlernen wollen«, erzählte Alex. Sie hatten sehr oft Gäste in dem urgemütlich ausgebauten Wagen. Tolle Frauen, die sich ein ungewöhnliches neues Leben aufgebaut hatten.

Petra und Alex waren mir sofort sympathisch und von nun an fuhr ich am Wochenende oft auf einen Kaffee bei ihnen vorbei. Sonnabends versammelten sich bald viele unterschiedliche Menschen bei ihnen. Bei schlechtem Wetter saßen alle an ihrem langen Küchentisch, bei gutem im Garten. Wildfremde Leute kamen miteinander ins Gespräch, schnabulierten köstlichen Kuchen und warfen beim Gehen einfach eine Spende in die Spardose. Außerdem boten die beiden frisches Gemüse von ihrem eigenen Feld an, natürlich auch in Bio-Qualität. Wer sich zusätzlich verwöhnen wollte, konnte eine Stunde Yoga machen oder ganz ungewöhnliche Naturköstlichkeiten bei ihren Wildkräuterspaziergängen kennenlernen, aus denen Alex auch wunderbare Tees zauberte. Ich wurde bald regelmäßiger Gast bei ihnen und stets mit den Worten »Unser treuester Stammgast« begrüßt. Und manchmal kamen sie mich auch auf der Lotte besuchen.

Nach und nach erschloss ich mir so meine eigene Infrastruktur in den Vierlanden. Immer mehr neue Orte und Menschen kamen in mein Leben, die ich regelmäßig ansteuerte. Dazu gehörte auch der Stand der Familie Rolffs, ebenfalls Gemüsebauern, an dem ich nach der Arbeit oft anhielt. Annett und Thomas hatten das ganze Jahr über eine gewaltige Auswahl im Angebot, unter anderem 22 verschiedene Tomatensorten, auf die Netti besonders stolz war. Darüber kamen wir schnell ins Gespräch. Bald wussten sie, ich bin die Neue, die vom Hausboot.

»Ich hab hier die ersten Frühkartoffeln«, pries Thomas mir im Mai seine Ernte an, »probier die mal, einfach nur mit Butter und Salz.«

»So esse ich sie auch am liebsten, man freut sich richtig auf das erste junge Gemüse«, gab ich zurück.

Einmal kam ich im Sommer vorbei und wollte Salat kaufen, doch es gab keinen. »Der ist abgesoffen«, erklärte Thomas, »hat einfach zu viel geregnet, ich musste alles wegschmeißen.« Er kam mit seinem Traktor in dem nassen Sommer gar nicht mehr auf seine Felder. Zu viel oder zu wenig Regen, zu viel oder zu wenig Sonne, mir wurde einmal mehr bewusst, wie abhängig die Gemüsebauern von den Launen des Wetters sind.

Das Leben in den Vierlanden und die Kontakte zu den Gemüsebauern veränderten sogar mein Essverhalten. So seltsam es klingt, aber ich wurde praktisch zur Vegetarierin. Überall bekomme ich unfassbar frisches Gemüse von sehr hoher, meist sogar Bio-Qualität, im Sommer kann ich mich oft gar nicht entscheiden, so bunt und lecker ist die Auswahl. Das wenige Fleisch, das ich noch esse, kaufe ich auf einem Bio-Hof. Lammfleisch, das ich früher sehr gern mochte, esse ich gar nicht mehr. Ich mag lieber die kleinen Lämmer auf dem Deich herumspringen sehen, als ein Filet davon in meiner Pfanne zu haben. Auch die Milch bekomme ich von einem Bauernhof, sie ist nicht »lange haltbar«, sondern wird irgendwann einfach sauer, so wie es sich für Milch gehört. Vor Gebrauch muss ich sie schütteln, denn auf der Oberfläche sammelt sich die Sahne. Zu wissen, wer meine Nahrung erzeugt, das macht mich im positivsten Sinne ehrfürchtig und dankbar auch für diesen Reichtum. Fleisch und Milch aus artgerechter Tierhaltung, dazu Bio-Gemüse an der Straßenecke – so hatte ich immer einkaufen wollen.

Und wenn ich mir dann etwas aus meiner »Beute« gekocht hatte, saß ich auf der Terrasse der Lotte, hatte meinen geliebten Elbblick und genoss Köstlichstes in meinem persönlichen Lieblingsrestaurant. Schöner hätte es nicht sein können!

Einmal las ich bei Facebook vom »Haus Anna Elbe«. Ein junges Ehepaar hatte sich hier im Landkreis ein 350 Jahre altes Haus gekauft und wollte es zu einer Wohnung für sich und ihre drei Kinder umbauen. Dazu sollten vier Ferienwohnungen entstehen und ein Veranstaltungszentrum für die Vierlande.

Die sind ja verrückt, die muss ich kennenlernen, dachte ich und schrieb sie an: »Moin, moin, ich lebe auf einem Hausboot und ihr seid ja offenbar genauso verrückt wie ich – ich finde, wir sollten uns kennenlernen!«

»Gute Idee, komm doch am Sonntag bei der Anna vorbei«, wurde ich eingeladen.

Ich suchte die Adresse auf dem Stadtplan und dachte, das sei ja gleich um die Ecke, aber es war weiter, als ich gedacht hatte. Der Weg am Deich entlang an einem wunderbar sonnigen Sommertag nahm gar kein Ende. Die Vierlande sind ziemlich groß, musste ich feststellen. Bis nach Allermöhe leitete mein Navi mich, dann ertönte der Satz: »Sie haben Ihr Ziel erreicht.«

Da war es, ein schönes, aber doch deutlich mitgenommenes Gebäude, das Reetdach eingesunken, die hölzernen

Balken des Fachwerks verrottet. Und davor stand ein Auto, aus dem gerade fünf Menschen stiegen.

»Moin, ich bin Nicola!«, stellte ich mich vor.

»Hallo, ich bin Tatjana, aber sag ruhig Tati«, sagte die schöne, blonde Frau. »Das ist mein Mann Stefan und dies sind unsere Kinder David, Johanna und die kleine Mathilda.« Die fünf Timmanns waren mir auf Anhieb sympathisch.

»Oh la la«, sagte ich, als ich das wunderschöne Haus betrat, »hier ist aber wirklich eine Menge zu tun.« Das Gebäude hatte offenbar viele Jahre leer gestanden und war nicht nur von außen in einem angegriffenen Zustand. Auch innen waren Mauern eingestürzt, alte Möbel gammelten in den Ecken, Türen hingen schief in den Angeln.

»Ja«, sagte Tati, »sieht schlimm aus, aber wir sind schon dabei, Pläne zu machen mit dem Architekten, es kann bald losgehen. Gerade beantragen wir verschiedene Fördermittel, die Anna steht nämlich unter Denkmalschutz, deswegen müssen wir vieles wieder genauso herrichten, wie es ursprünglich mal ausgesehen hat.«

Wir gingen weiter durch das große Gebäude und Tati und Stefan zeigten mir alles. »Hier wird unsere kleine Wohnung sein, da oben kommen die Ferienwohnungen hin, aus jeder hat man einen direkten Blick auf die Elbe.«

»Wirklich wunderschön«, fand ich, »wenn ich euch irgendwie helfen kann, sagt Bescheid.«

»Darauf kommen wir bestimmt zurück«, lachte Tati.

»Wo wohnt ihr denn jetzt?«, wollte ich wissen.

»Wir haben ein uraltes Haus gemietet, die Einrichtung ist noch aus den Fünfzigerjahren. Aber wir hoffen, dass wir in anderthalb Jahren umziehen können.«

»Seid ihr Vierländer?«

»Nein, aber wir haben uns gleich in die Vierlande verliebt. Als wir das erste Mal hier waren, wussten wir gleich: Hier wollen wir leben – für immer.«

»Und wieso habt ihr euch kein neues Haus gebaut, das wäre sicher einfacher gewesen.«

»Wir finden nicht nur die Landschaft schön, sondern auch die alten Fachwerkhäuser. Aber viele verfallen. Und wir dachten uns: Dann kaufen wir eins und erhalten es. Überhaupt wollen wir was tun, damit es hier so schön bleibt.«

Stefan fragte: »Kennst du das Rieckhaus?«

»Klar, da war ich schon mal zum Erdbeerfest, das ist ein wunderschönes Freilichtmuseum.«

»Da haben wir uns lange engagiert, aber auch bei anderen Vereinen. Wir wollen was dafür tun, damit die einzigartige Kulturlandschaft erhalten bleibt. Sonst wird hier noch alles zugebaut, das darf nicht sein!«

Nach der Besichtigung verabschiedete ich mich. »Wollen wir in Kontakt bleiben? Mich interessiert sehr, wie es hier weitergeht«, sagte ich.

»Sehr gern, dürfen wir dich denn auch mal auf der Lotte besuchen?«

»Klar, ihr seid mir herzlich willkommen, bis bald also«, verabschiedete ich mich und brauste über den Deich zurück nach Hause.

Die Timmanns stehen in meinen Augen für das, was sich hier in den Vierlanden tut – häufig eher unbemerkt und unspektakulär, obwohl es doch Großes ist. Wie die Timmanns können auch andere – nicht zuletzt ich selbst – an diesem Ort seltsame Träume verwirklichen, hier gibt es genug Raum dafür. Ganz normale Familien mit Kindern finden ihren Platz, es entstehen aber auch Genossenschaften, die eine andere und neue Wohnform mit Gemeinschaftsräumen und gemeinsam bewirtschafteten Flächen bieten. Ich spürte, dass auch ich meinen Teil dazu beitragen wollte, weil ich wusste, dass ich hierhergehörte.

Noch war mir aber nicht alles vertraut, also erkundete ich im ersten Sommer meine neue Gegend gern mit dem Rad, strampelte gegen den Wind über die Deiche und musste immer wieder anhalten, um mich an der schönen Landschaft zu erfreuen. Einmal radelte ich Richtung Altengamme, immer am Elbdeich entlang. Die Straße verlief meist hinter dem Deich, doch kurz hinter dem Zollenspieker Fährhaus, einer ehemaligen Fährstation, in der es nun ein Restaurant gab, führte sie auf den Deich. Hinter einem kleinen Hafen breitete sich ein riesiges Deichvorland aus, das während meiner Radtour von der Flut vollständig überschwemmt wurde. Später sah ich, dass bei Ebbe Wiesen und Knicks auftauchten. Eine wunderschöne und urtümliche Landschaft, so dicht vor den Toren Hamburgs, die ich bislang noch gar nicht gekannt hatte. Hier veranstaltete, wie ich nun erfuhr, der Junggesellenverein Gambrinus das jährliche Osterfeuer. Das merkte ich mir gleich für das nächste Frühjahr vor.

Schon Monate vorher sammelten die jungen Männer überall die abgeschmückten Weihnachtsbäume, altes Holz und den Strauchschnitt ein, es entstand ein gigantischer Haufen. Am Ostersonnabend aber stand der Holzhaufen schließlich im Wasser, weil der Südweststurm das Deichvorland wieder einmal überschwemmt hatte. Der Haufen, der in diesem Jahr besonders riesig war, spiegelte sich im dunklen Wasser der Elbe. Auf dem Deich hatten sich zahllose Menschen versammelt, ein kalter Frühlingswind blies frisch. Dann schritten die Männer der Freiwilligen Feuerwehr in Wathosen durch das hüfthohe Wasser und zündeten mit ihren Fackeln unter dem lauten Getöse der Feuerwehrkapelle und dem lauten Jubel der Umstehenden den Haufen an. Bald schon flackerte das Feuer quasi zweimal: einmal als Spiegelung im Wasser, einmal als Riesen-Osterfeuer, das Funken in den schwarzen Nachthimmel warf. Ein wunderbares Feuer-Wasser-Spiel.

Nicht nur mit dem Rad, auch mit dem Auto war ich in den Vierlanden unterwegs. Ich kurvte nur zu gern über die gewundenen Deichsträßchen. Kaum einmal begegnete mir ein anderes Auto, meist sauste ich dort allein umher. Es war ein seltsamer Gegensatz: Oft musste ich beruflich durch die ganze Stadt fahren, mich durch Baustellen quälen und stand häufig in Staus. Kam ich dann wieder zurück in die Vierlande, lagen noch die acht Kilometer auf dem Deich zu meinem Zuhause vor mir. Dann atmete ich auf, weil es hier so leer war. Im Sommer nickten die prachtvollen Rosen vor den Häusern im Wind, dazwischen lagen immer wieder weite Felder oder Reihen von Gewächshäusern, in denen schon zu Beginn des Frühjahrs die bunten Köpfe der Stiefmütterchen leuchteten. Das Marschland ist fruchtbar, auf ihm gedeihen nicht nur Gemüse und Getreide, sondern auch Rosen. Bei einem meiner Ausflüge entdeckte ich einen Rosenhof. O ja, auch auf der Lotte sollten Rosen blühen, deswegen lief ich durch die Reihen wundervollster, blühender Gewächse.

»Kann ich helfen?«, fragte mich ein Mann, der auf mich zukam.

»Ja, ich suche eine Rose für mein Hausboot, da ist es immer sehr windig.«

»Das hält nicht jede Rose aus, aber hier habe ich zwei. Die sind sehr robust. Sie blühen nicht nur toll, sie duften auch.«

»Die nehme ich, aber ich suche auch noch eine Rose für eine Freundin in Österreich.«

»Na, da müssen sie die Vierlanden-Rose nehmen, das ist doch klar, eine Züchtung von unserem Rosenhof!«

Und so hatte ich bei meinem nächsten Besuch bei Maria die Vierlanden-Rose im Gepäck. Wir suchten in Marias wunderbarem Naturgarten einen schönen, sonnigen Platz aus. Da steht sie nun und erinnert Maria nicht nur an ihre Freundin im fernen Hamburg, sondern auch an die Gegend, in der sie nun lebt.

Egal, wo ich in diesen ersten Monaten mit Menschen in Kontakt kam, fiel mir auf, dass es in den Vierlanden kein »Sie« zu geben schien, dass die Vierländer sich überall duzten. Manchmal, wenn die Menschen merkten, dass ich neu hier war, fielen sie ins »Sie« zurück. Doch nach einer Weile war ich aufgenommen, bekannt und wurde ebenfalls allerorten geduzt. Es ist ein Bauernland, die Menschen sind geradlinig und unkompliziert. Aber ganz und gar nicht zugeknöpft, wie man es Bauern und Hamburgern immer wieder unterstellt. Im Supermarkt wurde ich von Anfang an lächelnd begrüßt und – natürlich – geduzt. Bald stand auch ich, wie alle anderen Vierländer, mit meinem Einkaufswagen mitten im Gang und plauderte mit den Verkäuferinnen und Kunden. Ein echter Dorfladen, in dem nicht nur Klatsch und Tratsch ausgetauscht wurde, sondern jeder auch mal nachfragte, ob man nicht jemanden kennt, der einem bei diesem oder jenem Problem helfen könne, sei es Babysitten oder handwerkliche Hilfen.

Eine weitere Eigenart, die ich sofort übernahm, war die Bezeichnung des Stadtteils. Hier sagte niemand: »Ich lebe in den Vierlanden«, man sagt: »Ich lebe in Vierlanden.« Grammatikalisch natürlich völlig falsch, aber es zeigt den Stolz der Vierländer. Als wäre das Ganze ein eigenes Land. Ich glaube, ein bisschen empfinden die Menschen genau das hier. In meinem Logbuch stand zu lesen: »Die Vierlande sind jetzt mein Hamburger Stadtteil, ich will nie wieder hier weg!«

## KAPITEL 15

# Herbstzauber

Mein erster Lotte-Sommer neigte sich dem Ende zu, der Herbst kündigte sich an, Nebel kamen auf, es war ein unfassbares Leuchten um die Lotte, wenn die Sonne auf den Dunst schien. Manchmal erwachte ich und blickte auf eine weiße Wand, sah nicht einmal die Boote auf der anderen Seite des Steges. Wenn die Sonne aufging, wehten bald nur noch ein paar weiße Fetzen übers Wasser davon. Der Glanz des Lichtes wurde sanfter, milder, das Wasser der Elbe schimmerte in tiefem Altgold. Gelegentlich stand ich auf dem Vorschiff und hatte eine Gänsehaut am ganzen Körper. Dann bot sich mir ein Bild wie ein Aquarell: in zarten Farben hingetupft die Elbe und der sanftblaue Himmel. Wenn kein Wind ging, spiegelte sich der Himmel im Fluss. Ich hätte diese Bilder am liebsten für immer festgehalten.

»Maria«, schrieb ich, »du kannst dir gar nicht vorstellen, wie schön es auch im Herbst hier ist.«

Sie antwortete: »Also im nächsten Jahr müssen wir wirklich mal kommen und uns deine Lotte anschauen!«

Maria und ich schickten uns oft unsere schönsten Tagesbilder, allerdings nicht per Foto, wir beschrieben einander das, was wir sahen. Ich schilderte ihr, wie die Gänse sich im Hafen sammelten, laut tröteten. Ich beobachtete die Formationen der Kraniche, die gen Süden zogen. Die Schwalben. Aber auch sie waren bald verschwunden. Zu dieser Jahreszeit überkommt mich regelmäßig Wehmut: Wieder ein Sommer vorbei, bald wird es kalt und ungemütlich, vor allem aber dunkel. Die winterliche Schwärze hatte ich noch nie gemocht, diese lichtlosen Tage, die sich hier in Norddeutschland schier endlos aneinanderreihen. Wie würde ich diese Jahreszeit nun auf dem Schiff erleben?

Schon seit Wochen hatte der Hafenmeister immer wieder gesagt: »Denk an deine Wasserversorgung!« Denn die Wasserleitungen liegen in jedem Hafen dieser Welt ohne Isolierung direkt unter den Stegen, weshalb das Wasser im Winter abgestellt wird, damit die Leitungen nicht einfrieren können. Ich aber war viel zu beschäftigt mit dem Genuss, viel zu gefangen von all dem Schönen des ersten Sommers gewesen und hatte diese Hinweise überhört, den Gedanken an den Winter einfach weggeschoben.

Als ich an einem Morgen im Oktober mein Auto aufschloss, um zur Arbeit zu fahren, rief mir der Hafenmeister über den Parkplatz hinweg zu: »Nächste Woche ist es so weit, da stelle ich das Wasser ab.«

»Alles klar«, rief ich leichthin zurück, stieg ein und schloss die Tür. Einen Moment saß ich da, wie eingefroren, als hätte mich die Winterkälte schon in ihren Bann gezogen. Innerlich aber brach Panik in mir aus. Mit einem Mal wurde mir klar, dass ich mir dringend etwas einfallen lassen musste, ansonsten hätte ich für mehrere Monate kein Wasser auf der Lotte. Auf der Fahrt zur Arbeit überlegte ich, was ich tun, wen ich um Rat fragen konnte. Mir fiel Torsten ein. Er war einer der Hafenmeister, den ich bei meiner Liegeplatzsuche kennengelernt hatte und der inzwischen ein Freund geworden war. Ich bat ihn um Hilfe und er meinte: »Du brauchst Tanks.«

»Schon klar«, sagte ich, »unbedingt, aber wo stelle ich die hin und wie kricge ich das Wasser in meine Leitung?«

Denn noch dachte ich, dass auch im Winter das Wasser aus dem Hahn fließen würde. Wir überlegten, die Tanks aufs Dach zu stellen, eine Zuleitung zu meiner Wasserversorgung zu bauen und die Tanks frostfest zu verkleiden. Doch das erwies sich als nicht machbar. Wir hätten quasi eine komplett neue Wasserleitung nebst Pumpe legen müssen, um ausreichend Druck zu erzeugen und das Wasser auch in meine Wasserleitung zu leiten. Nach langen Diskussionen kauften wir zwei Sechshundert-Liter-Tanks, stellten sie mitten ins Wohnzimmer und füllten sie. Da standen also 1200 Liter in unansehnlichen Tanks mitten in meinem schönen, großen Raum, dem Herzstück der Lotte.

Vier Monate lang beförderte ich nun mit einer kleinen Pumpe das Wasser aus den großen Tanks in Zehn-Liter-Kanister: einen für die Küche, einen fürs Bad. Duschen, Wäschewaschen? Fehlanzeige. Ich hatte Wasser fürs Allernotwendigste zu Hause und immer eine Tasche mit Duschzeug im Auto. Bei sämtlichen Freunden ging der Weg zunächst ins Bad. Ich wusch meine Wäsche entweder auch gleich bei ihnen oder bei Hafenmeister Torsten in dem acht Kilometer entfernten Hafen, in dem eine frei zugängliche Waschmaschine stand. Für die Spülung der Toilette schöpfte ich nun mit einer Pütz immer das Wasser aus der Elbe, um kein

Trinkwasser zu verschwenden. Eine Pütz ist ein Eimer für Schiffe. Er ist nicht wie Haushaltseimer aus dünnem – und schwimmendem – Plastik, sondern aus schwerem Kunststoff und an seinem Henkel befindet sich ein Band. Deswegen versinkt er, wenn man ihn ins Wasser wirft, man kann ihn also sehr gut zum Wasserschöpfen verwenden.

Dieses Konstrukt funktionierte im ersten Winter noch recht gut. Denn im Herbst nach meinem Einzug auf der Lotte hatte ich mich selbstständig gemacht und anfangs noch nicht so viel zu tun. Es war ein großer Schritt gewesen, raus aus dem scheinbar sicheren Angestelltenverhältnis, rein in eine eher ungewisse Zukunft. Doch irgendwie tauge ich wohl nicht zur Angestellten. Ich arbeite lieber eigenständig, vor allem aber eigenverantwortlich. Ich mag es nicht, wenn mir Chefs sinnlose Vorschriften machen. Dann fange ich an, den Job zu hinterfragen, lege mich mit Vorgesetzten an. Und ich verliere angesichts der Einschnürungen durch Vorgaben und Arbeitszeiten schnell die Lust an dem, was ich eigentlich gern tue. Als Selbstständige aber hatte ich mehr Freiheiten, das hatte ich schon früher im Leben erprobt. Ich konnte mich gut organisieren, steckte private Unternehmungen zugunsten von Arbeitsterminen zurück und hatte einfach mehr Freude an der Arbeit und am Leben, trotz der Sorgen, ob ich genug Geld verdienen würde. So kam es mir gerade recht, dass ich bei einer Trauerfeier als Angestellte den Obmann der Rednergemeinschaft traf. Dies ist ein Zusammenschluss von elf freien Trauerrednern. Entstanden ist sie aus dem Gedanken heraus, einen besseren Service für die Bestatter anzubieten, die oft vergeblich telefonisch einen Redner zu erreichen versuchten, der sein Telefon während der Reden oder Hausbesuche ausschalten musste. In der Rednergemeinschaft gab es nun ein Büro, in dem ein älterer Kollege, der Einteiler, die Pläne sämtlicher Kollegen vor sich hatte und den Bestattern, die anriefen, Auskunft geben konnte, wer wann Zeit hatte. Nach wie vor existiert diese Gemeinschaft in dieser Form. Die Kollegen bilden sich gemeinsam fort, es gibt eine Preisliste für die Leistungen und die beteiligten Redner genießen einen überaus guten Ruf bei den Bestattern. Als mich also der Rednergemeinschaftsobmann fragte, ob ich nicht zu ihnen kommen wollte, griff ich sofort zu. Auch das hätte ich mir sicherlich zu einem früheren Zeitpunkt noch nicht zugetraut. Doch nun, beflügelt durch meinen neuen Mut, gab es für mich nur einen Weg. Im Nachhinein habe ich den Schritt niemals bereut, doch in diesem Winter ließ sich die Selbstständigkeit nicht gut an. Die Bestatter mussten die Neue erst einmal anschauen, einige waren zögerlich. Denn viele Bestatter denken bei weiblichen Rednern gleich an Frauen mit hohen, leisen Stimmen. Und so etwas wollen sie ihren Kunden nicht zumuten. Also versuchte der Einteiler, mich immer wieder anzupreisen und zu vermitteln. Aber der Anfang war schwer. In diesem ersten Winter war das allerdings von Vorteil, weil ich mich mehr um die Energieversorgung meines Schiffes kümmern konnte, die sehr zeitaufwändig war.

Und das nächste Problem ließ nicht lange auf sich warten: Wärme. Ich beheizte die Lotte mit Gas. Von Mai bis etwa September hatte eine einzige 33-Kilogramm-Flasche gereicht, denn in dieser Zeit hatte ich das Gas nur für das warme Wasser gebraucht, die Heizung war abgestellt. Ab September musste häufiger eine neue her, das hatte ich bereits in den letzten Wochen festgestellt, manchmal ein bis zwei Flaschen pro Woche. Glücklicherweise hatte ich meine Gasanlage im Sommer noch umgestellt. Als ich eingezogen war, gab es eine Ein-Flaschen-Anlage. Ich hatte mir eine Zwei-Flaschen-Anlage einbauen lassen. Will heißen: Ich konnte nun gleichzeitig zwei 33-Kilogramm-Flaschen anschließen. Über die Füllstandsanzeige konnte ich gut kontrollieren, ob noch ausreichend Gas vorhanden war. Der Weg zur Lotte mit den Gasflaschen war allerdings nicht ganz einfach. Die Enten und Gänse belegten jetzt den Steg, ihre Hinterlassenschaften und der ständige Regen machten ihn glitschig, kurzum, es war eine richtig gefährliche Angelegenheit, die Gasflaschen zur Lotte zu bekommen. Glücklicherweise hatte der Hafenmeister angeboten, die schwere Lotte weiter ins Hafeninnere zu ziehen, sodass ich nicht mehr die gesamten vierhundert Meter über den Steg balancieren musste.

Im diesem ersten Winter hatte ich die Heizung noch nicht so recht im Griff, noch kein Gefühl dafür, wie lange eine Flasche hält. Und so wachte ich nicht selten morgens auf und das Boot war eiskalt. Einmal war es noch dunkel, draußen hatte es gefroren, eisiger Ostwind pfiff durch den Hafen. Und auch im Inneren der Lotte war es bitterkalt. Mir blieb nichts anderes übrig, als sofort zum Gashändler zu fahren. Ich wuchtete also die schwere, leere Flasche in eines der kleinen Hafenwägelchen und zog sie mit gewaltiger Kraft den steilen Abgang zur Mole hinauf. Natürlich war Ebbe. Dann hob ich die Flasche in den Smart. Ich war schon ganz außer Puste, ließ mich erst einmal in mein Auto sinken. Der Gashändler half mir beim Entladen und fasste auch beim Beladen mit der neuen Flasche an. Es war immer noch dunkel, als ich wieder in den Hafen kam, Ebbe war natürlich auch noch. Ich zerrte und zog, bis ich die Flasche aus dem Smart gehievt hatte, und belud den Hafenwagen. Zur besseren Vorstellung: Eine volle Flasche mit 33 Kilogramm Gas hat dazu ein Eigengewicht von noch einmal etwa dreißig Kilogramm, insgesamt hatte ich also jeweils gut sechzig unhandliche Kilos zu transportieren. Als ich nun mit der Flasche und dem Wagen, der mich unweigerlich mit seinem schweren Gewicht nach unten zog, die Mole hinabkeuchte, polterte die Flasche aus dem Wagen über den Molenabgang, riss eine der Steglampen ab und plumpste ins Wasser. Da stand ich nun und wusste nicht, wie ich das Ding wieder hinaufkriegen sollte. Ich kniete mich auf den vereisten Steg, fischte nach der Flasche, die immerhin schwamm, obwohl sie voll war, und band sie erst einmal mit einem Seil fest, damit sie nicht raus auf die Elbe schwimmen konnte. Dann zerrte und zog ich an dem schweren Ding, aber es gelang mir nicht, es auf den Steg zu kriegen. Erst als Stunden später der Hafen zum Leben erwacht war, halfen mir die Hafenarbeiter.

Wenn ich genug Gas hatte, war es warm und gemütlich an Bord der Lotte. Doch eines Tages wollte ich die neue Flasche mit meiner EC-Karte beim Gashändler bezahlen, worauf das Gerät mir meldete: »Zahlung nicht möglich«. Kein Geld mehr auf dem Konto! Und ich wusste, so schnell würde auch keines eingehen, die Auftragslage war nicht gerade rosig. Was nun? Ich fuhr also erst einmal ohne Gas heim und dachte nach. Mit Holz heizen? Die Holzvorräte waren beinahe aufgebraucht. Tja, dann musste ich wohl irgendwie ohne Heizung klarkommen. Schon oft hatte ich in Jobs mit prekärer Bezahlung gearbeitet, aber so arg war es noch nie gewesen. Immerhin bekam man in einer Wohnung an Land immer Wärme und Wasser, selbst wenn es in einem Monat mal knapp war. Es war eisig draußen – und drinnen bald auch. Bei vier Grad Raumtemperatur saß ich nun da und überlegte, wie ich es mir ein wenig behaglicher machen konnte. Ich kramte meine Wärmflasche und sämtliche Körnerkissen hervor, die ich dann mangels einer Mikrowelle im Backofen erwärmte. Einige der Kissen band ich mit Schals um meinen Leib, die Wärmflasche kam an die Füße. Dazu hatte ich die Skiunterwäsche angezogen, die ich früher zum Segeln an kalten Tagen getragen hatte. Um die Schultern trug ich meine Bettdecke. Derart ausgerüstet ging es einigermaßen. Allerdings hatte ich auch kein Geld mehr, um mir etwas zu essen zu kaufen. Das Konto war einfach komplett leer. Zunächst zehrte ich von meinen wenigen Vorräten. Als auch die aufgegessen waren, stellte ich das Essen ein. Meine Stimmung war auf dem Nullpunkt. Ich hatte keine Ahnung, wie es weitergehen sollte. Da saß ich nun auf meinem eigenen Schiff, aber lebenswert fand ich die Situation nicht mehr. Als ich einer Freundin von meiner desolaten Lage erzählte, bestand sie darauf, mir Geld zu leihen. Das nahm ich zwar, aber nicht gern. Denn ich wusste nicht, wie und wann ich es zurückzahlen konnte. Immerhin hatte ich es nun wieder warm und konnte mir etwas zu essen kaufen.

Die Tage reihten sich endlos aneinander, grau, trübe, ohne Licht. Ich war unentwegt damit beschäftigt, die Lotte irgendwie halbwegs warm zu bekommen und gleichzeitig so wenig Gas und Wasser wie möglich zu verbrauchen. Im Grunde bewegte mich das Sparen den gesamten Tag lang. Ich regelte die Heizung auf ein Minimum herunter: 16

Grad, mehr erlaubte ich mir nicht. Und geriet dabei an meine Grenzen. Ich sehnte mich nach einer Wohnung an Land, nach Nachbarn, mit denen man mal plauschen konnte, nach irgendwem, der mich unterstützen, mir hätte helfen können. Doch der Gedanke ans Aufgeben war in diesem ersten Winter noch fern, wenngleich ich manchmal nicht wusste, ob meine Entscheidung, auf ein Hausboot zu ziehen, diesen Preis wert war. Eines Tages kam der Hafenmeister mit einer riesigen Ladung Holz angefahren, er hatte es irgendwo billig abgestaubt und verkaufte es mir für wenig Geld. Mühsam schleppte ich es mit dem kleinen Hafenwagen auf das Vorschiff und stapelte es wild in Kisten und Plastiktaschen, es sah aus wie bei einem Messie.

In diesem Winter hatte ich kaum Besuch, mir war nicht danach. Außerdem war es nicht gerade behaglich bei mir, jeder Gast hätte gefroren. Und kostbares Wasser verbraucht. Diese Überlegung spielte durchaus auch eine Rolle. Nur meine Freundin Margret kam mich besuchen. Sie stammt aus Ostdeutschland und sagt immer, wir Westdeutschen seien furchtbar verweichlicht. Als ich ihr mein Leid klagte, in Tränen ausbrach und völlig verzweifelt meinte, ich würde diesen Winter nicht überstehen, sagte sie nur trocken:

»Reiß dich zusammen, es gibt für alles eine Lösung.« Für mein Jammern hatte sie keinerlei Verständnis. »Du hast dir nun mal ein Schiff als Wohnort ausgesucht, da musst du nun auch die Folgen tragen!«

»Ja, aber es ist so anstrengend und schrecklich«, klagte ich.

»Bei uns gab es früher auch nur ein Plumpsklo auf dem Hof. Wir hatten nur kaltes Wasser und im Winter ist die Wasserleitung eingefroren. Also mach mal kein Drama draus!«

»Meinst du, dass ich das schaffe?«

»Klar, du musst halt überlegen, ob du weiter so leben willst. Wenn ja, musst du die Konsequenzen tragen. Außerdem ist es doch auch im Winter schön hier im Hafen, guck doch nur, wie viele verschiedene Gänsearten hier rumschwimmen und wie schön das Licht ist, wenn die Sonne scheint.«

Mit Margrets Worten im Kopf versuchte ich, den Blick auf das zu richten, was dennoch positiv war.

Und wirklich – ein Gutes hatte diese Art des Lebens: Ich bekam ein Gefühl dafür, wie viel Energie man benötigt, wie viel Wasser, wie viel Holz und Gas. Lernte, unglaublich viel Wasser zu sparen, möglichst sinn- und maßvoll zu heizen. Schon an Land war ich nicht gerade eine Energieverschwenderin gewesen, nun entwickelte ich mich zum Energiesparfuchs. So schüttete ich etwa das Kochwasser von Kartoffeln oder Nudeln nicht mehr in den Ausguss, sondern fing es auf. Es taugte gut zum Putzen oder Blumengießen. Manchmal gibt es Fernsehsendungen darüber, wie Menschen heute wie im vorletzten Jahrhundert leben – als Experiment, für eine kurze Zeit. Ich lebte nun auch so. Aber es war kein Experiment, sondern mein echtes Leben. Mit eigenen Händen dafür zu sorgen, es warm und behaglich zu haben, und zwar ganz allein, das machte mich stolz. In diesem Winter errang ich auch die Hochachtung meines Hafenmeisters, der bis dahin gedacht hatte, das verwöhnte Stadtpflänzchen würde nach dem ersten Winter gewiss das Handtuch werfen. Stattdessen sah er mich bei Wind und Wetter draußen herumlaufen. Er hörte kein Gejammer, sah meine Tränen nicht.

Eines Morgens sah ich einen blitzend blauen Eisvogel an der Lotte vorbeisausen. Die Kanadagänse versammelten sich regelmäßig ums Schiff und schnatterten laut. Wenn ich über den Steg lief, flatterte nicht selten ein kleiner Zaunkönig um mich herum. Er fand anscheinend seine Nahrung unter dem Steg, wie ein Wegweiser sauste er vor mir her Richtung Mole. In diesen Momenten war meine Welt besser. Die zarten Farben des Winters zauberten aus dem Hafen ein stilles Bild, ich war ganz gefangen von dieser zurückhaltenden Schönheit. Die Sonne ging sehr spät auf, doch immer noch schien sie in alle Räume des Schiffes. Und wenn es am frühen Nachmittag dunkel wurde, verwandelte sich meine Lotte in einen gemütlichen und einladenden Ort, vor allem, wenn im Kamin ein wärmendes Feuer brannte. Immer wenn ich dann oben im Hafen noch etwas zu erledigen hatte, blickte ich auf das hell erleuchtete Schiff, dessen Lichter sich milde im Wasser spiegelten, und dachte: Es ist so schön hier! Im Rückblick betrachtet, war dieser erste Winter der leichteste. Denn noch fühlte sich alles wie ein großes Abenteuer an, dem ich eben auch noch etwas Gutes abgewinnen konnte.

## KAPITEL 16

# Ein Troll kommt an Bord

In diesem ersten Winter hatte ich plötzlich eine neue Idee: Wenn ich als Trauerrednerin, wie ich hoffte, bald mehr Arbeit haben würde, wäre mein Kater Herr Emma deutlich öfter allein. Mein außergewöhnlich liebenswerter Kater hätte sicher nie gejammert und auch keine Zeichen von Vernachlässigung gezeigt. Aber ich fand die Vorstellung, ihn in Gesellschaft zu wissen, beruhigend und so hatte ich mir in den Kopf gesetzt, ein zweites Tier anzuschaffen. Wenn ich das kleine Rudel von Alex sah, die mit ihrem Golden Retriever Anton und fünf Katzen lebte, dann wünschte ich mir auch etwas Ähnliches. Früher mit meinem Mann war an Tiere nicht zu denken gewesen, schon gar nicht an mehrere. Nun konnte ich ganz frei entscheiden, ein tolles Gefühl. Vor allem tat es mir gut, an diesen trüben und anstrengenden Wintertagen etwas Schönes zu planen. Außerdem wollte ich gern mal ein Jungtier haben, es groß und zu einer erwachsenen Katze werden sehen. Ich dachte darüber nach, ob es an Bord nicht zu gefährlich wäre. So eine kleine Katze wäre vielleicht leichtsinnig und würde ins Wasser stürzen. Ach was, ich würde einfach aufpassen, dann würde schon nichts passieren. Ich bemühte wieder einmal eBay Kleinanzeigen.

»Muss mich von meinem kleinen Kater Charly trennen«, schrieb dort eine Frau. Das Tierchen war auf den Fotos derart hübsch, dass ich kurzentschlossen noch am selben Tag zu ihr fuhr, um es abzuholen, damit es mir nicht irgendjemand vor der Nase wegschnappte. Ich war auf der Stelle verliebt, als das Katerchen spielend meine Hand angriff. Ein bezauberndes Tier, in dem offensichtlich Anteile eines Karthäusers oder einer Britisch Kurzhaar steckten, mit wunderschönen grün-gelben Augen. Die Frau hatte Tränen in den Augen. Sie erzählte mir, dass sie den kleinen Kerl erst seit einem Monat hatte, nun aber auswandern wolle. Verantwortung sieht anders aus, dachte ich bei mir. Bei mir, so dachte ich, würde er sein Zuhause haben, ich würde ihn niemals wieder abgeben.

Der kleine Kater kam mit einem riesigen Kratzbaum und allerlei Zubehör auf die Lotte und machte sich mit seinen winzigen Pfoten sofort daran, sein neues Zuhause zu entdecken. Emma war interessiert, aber nicht begeistert. Zu wuselig, der Kleine, immer in Aktion. Nur selten legte er sich mal hin. Lieber kletterte er die Gardinen hoch und warf sich auf meine Füße, um sich sein weiches Bäuchlein kraulen zu lassen. Ich hatte ihn unter dem Namen Charly bekommen, doch ich fand, dass dieser Name nicht zu ihm passte. Ich wollte ihm unbedingt einen finnischen Namen geben, weil ich die finnische Literatur, diesen eigenartigen schwarzen Humor, so mag. Da ich aber selbst kein Finnisch sprach, gab ich allerlei Begriffe, die mir beim Beobachten des Katers in den Sinn kamen, in ein Übersetzungsprogramm ein: »Wildfang«, »Kleiner«, »Kater«, »Träumer« ... Der Computer spuckte mir unaussprechliche Wörter aus: »Poikatyttö«, »Vähäinen«, »Krapula«, »Uneksija«. Wer wollte seinen Kater schon so nennen? Als ich jedoch das Wort »Troll« eingab, kam als Übersetzung »Peikko« heraus. Das passte ganz vorzüglich zu seinem Charakter.

Peikko mischte fortan unsere gemütliche WG auf, er hatte immer Unsinn im Kopf und machte gern die Nacht zum Tag. Oft brachte er mich zum Lachen und war ein großer Trost an den vielen trüben Wintertagen voller Sorgen und Energienöten. Ich achtete immer gut darauf, dass Peikko drinnen blieb, zu gefährlich erschien mir die Welt draußen für den kleinen Babykater. Doch eines Abends entwischte er. Ich war auf das Vorschiff gegangen, um Holz für den Kamin zu holen, draußen war es eiskalt, der Wind fauchte ums Schiff, die Wellen schlugen an die Lotte. Und Peikko sauste raus. Mit einem Satz war er am Rand des Vorschiffs und verschwand mit einem Klatsch im Wasser. Dann war es still. Entsetzlich still. Dunkelgrauer Kater in dunkelgrauem Wasser, in dunkler Nacht, nicht zu sehen also, aber eben auch nicht zu hören. Mein Herz schlug nicht mehr, Eiseskälte griff nach mir, das kleine Kätzchen war ertrunken. Da hörte ich es etwas weiter hinten seitlich am Schiff planschen und platschen: Peikko rettete sich über einen Fender wieder an Bord. Heulend hielt ich das kleine nasse Bündel im Arm.

Am nächsten Tag besorgte ich einen Kescher, der in den nächsten Wochen durchaus des Öfteren zum Einsatz kam, denn Peikko stürzte sich weiterhin in die Fluten. Gelegentlich schrie er herzerweichend, wenn die Kälte des Wassers ihn nicht loslassen wollte. Einmal lag ich in voller Trauerrednermontur – schwarzer Hosenanzug und blütenweiße Bluse – längs auf dem schmierigen Steg und fischte ihn aus dem Wasser. Er hatte sich auf eine Verstrebung unter dem

Steg gerettet. Abtrocknen ließ er sich nie, er entwand sich mir und putzte sich lieber selbst trocken. Herr Emma fand das Ganze offenbar so spannend, dass auch er einmal ins Wasser purzelte. Er rettete sich allerdings selbst und ließ sich hinterher stundenlang von mir trocken rubbeln. Irgendwann schaffte ich eine winzige Katzen-Schwimmweste an, die ich Peikko gegen seinen Widerstand anzog. Er lief herum mit diesem orangefarbenen Ding, fühlte sich sichtlich unwohl und sah einfach nur lächerlich aus. Wenn ich über ihn lachte, wie er versuchte, sich aus der Weste zu winden, sah er mich aus missmutig geschlitzten Augen an. Also nahm ich ihm die Weste wieder ab und hoffte, dass alles immer gut gehen würde.

In diesem ersten Winter machte auch Herr Emma Ausflüge in den Hafen. Vom Winterliegeplatz aus musste er nur noch den Aufgang zur Mole hinauflaufen, es war also längst nicht mehr so weit wie im Sommer. Offensichtlich gefiel ihm das Herumstreifen. Eines Abends saß ich auf dem Sofa, die Terrassentür war wegen der Winterkälte geschlossen. Plötzlich sah ich meinen Kater heranschießen und panisch mit voller Wucht gegen die Glastür springen. Dann hörte ich ein Bellen und kurz darauf sauste ein dunkles Ungetüm auf das Vorschiff. Offenbar hatte der Hafen-Schäferhund Herrn Emma verfolgt. Schnell ließ ich Emma herein und stellte fest, dass er sich seine Pfote verletzt hatte, er blutete. Natürlich war es Wochenende, der Tierarzt war nicht erreichbar. War vielleicht etwas gebrochen? Es hatte ordentlich geknallt, als er gegen die Scheibe gesprungen war. Als erste Maßnahme tupfte ich die Wunde vorsichtig ab, sprühte ein Desinfektionsmittel darauf und beobachtete meinen Kater. Das Humpeln hielt sich in Grenzen und glücklicherweise ließ er die Wunde in Ruhe, leckte sie nicht wieder auf. Schon am nächsten Tag konnte er sich wieder bewegen, als sei nichts geschehen. Aber seither war Herr Emma auf der Hut, er passte immer auf, ob der Hund frei herumlief. Sobald er ihn sah, lief er schnell an Bord und brachte sich in Sicherheit. Auch der Hafenmeister, dem ich von dem Malheur erzählte, hielt seinen Hund an der Leine, wenn er Emma draußen sah.

Langsam gewöhnten wir drei uns aneinander. Emma gewöhnte sich an einen umtriebigen Unhold, der immer spielen wollte, ich gewöhnte mich an einen kleinen Tapetenkratzer und Elbeschwimmer, an einen Kater, der alsbald das Hafengebiet mit all seinen unübersichtlichen Ecken, Bootsleichen und Sträuchern entdeckte. So strich auch ich abends oft in der Dunkelheit durch den Hafen, mit einer Taschenlampe in der Hand und Peikkos Namen rufend. Meist musste ich nicht lange warten, bis er maunzend und mit begeistert hochgerecktem Schwanz kam, mich plappernd zum Schiff begleitete und sich dort zufrieden auf meinem Schoß zusammenrollte.

Dass ich meine beiden Kater hatte, war mir in diesem ersten Winter ein großer Trost. Als es kalt war, weil ich mir kein Gas leisten konnte, und ich dauernd hungrig war, legten sie sich zu mir und wärmten mich. Mit zusammengebissenen Zähnen hielt ich durch, geriet an meine Grenzen und musste sehen, wie ich zurechtkam. »Ich schaffe das«, schrieb ich in mein Logbuch, »und die Probleme, die ich bewältige, machen mich stärker.« Ich versprach mir, für den nächsten Winter besser vorzusorgen. Doch als die graue, trübe Zeit vorbei war, atmete ich auf – und vergaß ganz rasch den Winter.

## KAPITEL 17

# Frühlingsboten

Da waren sie wieder, die Austernfischer. Ein verlässliches Zeichen dafür, dass das Frühjahr begann. Kaum hatte der Februar längere Tage mit sich gebracht, pfiff es aus allen Ecken des Hafens und die schicken schwarz-weißen Vögel mit ihren langen orangefarbenen Schnäbeln saßen wieder auf den Stegen. Ich kannte diese Tiere bisher nur von den Küsten. Oft hatte ich im Winter oder Frühjahr auf einer Nordseeinsel Urlaub gemacht und mich von den Rufen der Austernfischer in den Schlaf begleiten lassen. Ich hatte nicht genug bekommen können von ihren Geräuschen. Seither gehörten sie für mich zum Urlaub dazu. Nun hatte ich sie – und damit das Urlaubsgefühl – direkt vor der Haustür.

Jetzt erlebte ich alles zum zweiten Mal. Und genoss es über die Maßen. Ich war erschöpft von den Anstrengungen der kalten Jahreszeit und freute mich auf sorgenfreie warme Tage. Ich fühlte mich, als sei ich durch den Winter gewachsen und stärker geworden. Meine Lotte hatte ich besser kennengelernt und mich selbst ebenso. Ich sah die Kanadagänse in weniger besiedelte Gebiete entschwinden und die Graugänse ihre Jungen aufziehen, freute mich an den neuen Küken der Enten und Blässhühner. Hörte, wie die Kraniche aus dem Süden über die Elbe in ihre Brutgebiete zogen. Sah den Eisvogel seltener, der sich nun zurückzog, als wieder mehr Boote in den Hafen kamen. Bei Ebbe stand ein Graureiher am Wasserrand, vollkommen reglos wartete er auf kleine Fische, die arglos an ihm vorbeischwimmen würden. Die Tage wurden länger, das Licht heller. Mit dem Reiher verschwand auch meine düstere Winterstimmung.

Ich war viel draußen und konnte die Natur besser beobachten. Eines Tages entdeckte ich ein großes Tier, das an der Lotte vorbeischwamm. Mein Herz raste: Ein Biber. Gemächlich kletterte der pelzige Riese an Land. Und hatte einen langen, schmalen Schwanz. Ich googelte und stellte fest: Es handelte sich um ein Nutria. Von da an sah ich das äußerst gelassene Tier öfter, aber immer allein. Gelegentlich schwamm es weit auf die Elbe hinaus. Aber meist tummelte es sich ganz gemächlich irgendwo im Hafen. Und manchmal hatte ich tatsächlich das Gefühl, es kam kurz mal vorbei, um zu schauen, was auf der Lotte so los war. Margret erzählte mir später, in Ostdeutschland habe man die Tiere früher gezüchtet – wegen des Pelzes, aber auch zum Essen. Mir war das Nutria lebend und im eigenen Pelz lieber. Und es ließ sich durch die Frau auf dem Boot gar nicht erschrecken.

Auf den Deichen standen jetzt wieder die Schafe. Mit ihnen zahllose winzige Lämmer, die blökend herumsprangen. Wenn der Schäfer sie an den Deich in Hafennähe trieb, konnte ich das tiefe »Böh« der Muttertiere und das helle »Bäh« der Lämmer selbst im Bett noch hören. So manches Mal, wenn ich zur Arbeit aufbrach, stand eines der Schafe mitten auf der Straße. Einmal, als ich aus der Hafeneinfahrt bog, hatte sich die gesamte Herde über die viel befahrene Deichstraße verteilt. Vorsichtig schlängelte ich mich mit dem Auto zwischen den Tieren hindurch, brauste zu meinem Gemüsehändler und fragte nach der Telefonnummer des Schäfers.

»Deine Schafe stehen hier am Deich, die ganze Herde, alle ausgebrochen!«

»Ich komme gleich«, antwortete er.

»Soll ich mal deine Nummer speichern? Ich wohne hier und sehe öfter mal ein Schaf auf der Straße.«

»Gern, das wäre eine große Hilfe, meine Schafe stehen den gesamten Deichabschnitt entlang, bis nach Geesthacht, da kann ich nicht immer alle im Blick behalten.«

Tatsächlich musste ich den Schäfer in den folgenden Jahren hin und wieder anrufen, wenn wieder mal ein Schaf ausgebrochen war. Einmal, als ich spätabends heimkam, sah ich schon von ferne am Wegesrand etwas Weißes leuchten. Es war ein Lämmchen, das jemand überfahren und dann einfach liegen gelassen hatte. Ich hielt, stieg aus und bettete den steifen kleinen Körper bedrückt ins weiche Gras. Der Ausbrecher hatte den kurzen Moment der Freiheit mit dem Leben bezahlt. Ein trauriges Erlebnis, das gar nicht zu meiner leichten Frühlingsstimmung passte.

Ende März zog die Lotte wieder an ihren schönen Platz am Ende des Steges. Und in ganz Hamburg zeigte sich an Altbekanntem, dass der Frühling nun tatsächlich Einzug hielt: Rolf, der Storch, der stets als Erster aus dem Süden in die Vierlande wiederkehrte, die Schwäne, die aus ihrem Winterquartier zurück auf die Alster gebracht wurden, die ersten Forsythien, die an der Alster blühten ... Für mich gab es aber auch ein neues Ritual, das ich von nun an jedes Früh-jahr zelebrieren würde: Es war noch kalt, doch ich setzte mich, dick eingemummelt, mit einem ersten Kaffee auf die Terrasse. Endlich konnte ich wieder draußen sein, endlich konnte ich wieder ohne Fensterscheibe auf meine geliebte Elbe blicken, den »Referenzbaum« beobachten, den Binnenschiffen zuwinken.

Noch waren Bäume und Sträucher kahl, das Licht noch winterfahl und schwach, aber die Tage wurden länger und meine Lebensgeister erwachten wieder. Als das Wasser wieder angestellt wurde, stand ich zum ersten Mal seit Monaten unter meiner eigenen Dusche und ließ mir genüsslich das heiße Wasser über den Körper rinnen. Das Leben wurde wieder leichter, der Winter war vorbei, endlich!

Für mich bedeutete das Frühjahr aber erst einmal, die Ärmel hochzukrempeln. Die Lotte sah nach den Winter-stürmen und dem vielen Regen scheußlich aus. »Ich habe einen Dampfstrahler, mit dem kriegst du den Dreck weg«, bot der Hafenmeister an, »aber nach unten schleppen musst du ihn selbst.« Ich wuchtete das schwere Teil auf den Steg und machte mich ans Werk. Ich warf mich einmal mehr in meinen Blaumann, stieg in die Gummistiefel und startete das lautstarke Gerät. Unter großem Getöse und in Schwaden von Wasserdampf, die mich bis auf die Haut durchnässten, legte ich den weißen Rumpf wieder frei. Am Abend war die Lotte wieder so prächtig wie im Sommer davor. Sie strahlte. Aber irgendetwas fehlte, dachte ich. Und dann wusste ich, was: Pflanzen, ja, ein kleiner Hausbootgarten wäre schön. Ich wünschte mir eine wuchernde, blühende Terrassenbe-pflanzung. Stellte mir vor, wie Rosen und Frauenmantel,

Wicken und Lobelien sich in Kaskaden über die Reling warfen. Dekorieren wollte ich das Ganze mit leuchtenden Glaskugeln und künstlich mit Rost behandelten Dekoteilen. Im ersten Sommer hatte ich bereits hier und da Äste aus dem Wasser gefischt, die als bleiches Treibholz eine Rankhilfe werden sollten. Dabei war es im ersten Jahr geblieben. Jetzt aber würden sie zum Einsatz kommen in meinem schwimmenden Garten. Doch wie sollte das Ganze aussehen, gab es sturmfeste Töpfe, die ich verwenden konnte? Maria erinnerte mich an unseren Besuch der Internationalen Gartenschau in Hamburg. Ich hatte dort begeistert in einer Installation aus leuchtend grünen Kunststoffkisten gestanden, die in unterschiedlichen Höhen gestapelt und bepflanzt worden waren. Eine geeignete Konstruktion für die Lotte, überlegten wir nun per Mail. Die Kisten wären, mit Erde und Pflanzen gefüllt, schwer genug, um nicht von einem Sturm über Bord geblasen zu werden. Und hoch genug, um auch Stauden hineinzupflanzen. Tatsächlich fand ich die Originalkisten bei eBay Kleinanzeigen. Ich schaffte sie an Bord, hatte aber nicht sofort Zeit, mir die passenden Pflanzen zu besorgen. Also stapelte ich sie zunächst leer auf dem Vorschiff.

Eines Nachts – es war ja eigentlich schon Frühling und ich dachte, die Stürme wären längst überstanden – erwachte ich vom Getöse eines Orkans. Das hatte ich schon öfter miterlebt. Aber dieses Mal waren mir die Geräusche fremd: Etwas rutschte und rappelte auf dem Vorschiff hin und her. Die Kisten! Ich schoss hoch, fuhr in meinen Morgenmantel, schlüpfte in die Pantoffeln und raste auf das Vorschiff. Der Sturm schlug mir mit Macht entgegen, Regen klatschte mir waagerecht ins Gesicht, eiskalt. Ich glitschte mit den

Pantoffeln über das Vorschiff und sah die Bescherung: Alle Kisten waren über Bord geweht und drohten in der Strömung rasch auf die Elbe hinauszutreiben. Schnelles Handeln war gefragt. Ich schnappte mir einen Besen und versuchte, so gut es mit den komplett beschlagenen Brillengläsern eben ging, die Kisten aus dem Wasser zu fischen. Dabei traf mich eine Orkanböe und warf mich beinahe über Bord. Nach und nach gelang es mir, die Kisten aus dem schäumenden Wasser zu fischen. Ich warf sie einfach ins Wohnzimmer, damit sie nicht gleich wieder davongeweht wurden. Völlig durchnässt sank ich zusammen, lachte mich kaputt und schrieb in mein Logbuch: »Immer alles gut festbinden!«

Im Hafen war jetzt wieder mehr Leben. Die Einsamkeit im Winter hatte mich nicht gestört, doch nun war es schön, dass alles wieder erwachte. Oben auf der Mole waren die Bootsbesitzer dabei, ihre Schiffe aufs Frühjahr und die neue Saison vorzubereiten. Sie entfernten mit Schleifmaschinen die alte Farbe, reparierten hämmernd kleine Schäden, polierten die Außenhaut der Boote. Es war ein emsiges Treiben im Hafen, der nun nicht mehr winterstill und verwaist war. Irgendwann tat sich dann auch etwas im Nachbarhafen, einem Segelverein. Die Eigner mieteten einen riesigen Kran, um ihre Schiffe wieder in die Elbe zu befördern. Ein tolles Schauspiel. Die Segelboote wurden von ihren Wintergestellen gehoben und schwebten hoch in der Luft. Ich stand bei den Seglern und plauderte mit ihnen, über die neue Saison und unsere Hoffnung auf einen schönen Sommer mit gutem Wetter und dem richtigen Wind.

Doch nicht alle Boote, die im Hafen gelagert wurden, waren seetauglich. Oben auf der Mole sammelten sich mit der Zeit einige wirklich heruntergekommene Schiffe. Die Besitzer waren zu alt geworden, um sie instand zu setzen, oder engagierte Neubesitzer hatten sich an der Restaurierung versucht, aber irgendwann entmutigt aufgegeben, weil sie die Arbeit unterschätzt hatten. Und so war die Mole im Laufe der Zeit ein echter Schiffsfriedhof geworden. Mir tat das Herz weh, wenn ich die Schätzchen da stehen sah. Gern hätte ich eine dieser kleinen Yachten selbst besessen, aber das war viel zu viel Arbeit.

Der Steg füllte sich, hin und wieder grüßte ich schon wieder jemanden. Wenn ich abends heimkam, war der Hafen meist jeden Tag ein Stück voller geworden. Irgendwann waren alle wieder da. Und an den Wochenenden war im Sommer viel Betrieb im Hafen. Motorboote fuhren hinaus auf die Elbe, kamen abends wieder herein. Dann wurde es oft laut. Denn manche schätzten offenbar die Stille des Hafens nicht so wie ich und übertönten sie mit lauter Musik. Am Wochenende wachte ich häufig früh auf, weil irgendwer lärmend sein Boot anließ und erst etliche Minuten später losfuhr. Auf der anderen Seite des Hafens standen an den meisten Wochenenden Wohnmobile. Auch daraus dröhnte Musik durch die Nacht. Ich fühlte mich gestört von all diesen Geräuschen, dem Lärm, dem Betrieb. Warum, so fragte ich mich, fahren diese Menschen nur in die Natur, wenn sie deren Stille mit Motorengetöse und brüllender Musik zerstören? Sind wir schon so degeneriert, dass wir die Stille nicht mehr ertragen? Manchmal sehnte ich mich gar nach dem stillen Winter.

Ruhe vom Hafengetöse hatte ich immer dann, wenn der unbeständige norddeutsche Sommer keine warmen

Sonnenwochenenden bescherte. Wenn es Sturm oder Gewitter gab. Ich liebte diese Wetterlagen schon seit meiner Kindheit. Und hier auf der Lotte konnte ich den Wind sogar kommen sehen: Weiße Wolkenberge fegten in immer wechselnden Konstellationen über den Himmel, dazwischen bahnten sich seltene Sonnenstrahlen ihren Weg aufs Wasser, Vorhänge aus Licht. Langsam wurde der Himmel dunkler, gelb, schlammbraun, lila, dunkelgrau, ein prächtiges Farbenspiel. Gewitter kamen meist aus südwestlicher Richtung herangebraust, also über die Elbe. Am Horizont türmte sich ein bleiernes Band, blaugraue Wolkenberge wuchsen empor, von Blitzen durchzuckt. Das Band wurde breiter, zog auf die Lotte zu. Dann gab es diesen Moment, in dem der Wind einschlief und in der Luft eine erwartungsvolle Stimmung lag. Gleich darauf brach das Gewitter los: Die Elbe schäumte auf, Gischtkämme jagten in den Hafen, dröhnender Donner hallte von allen Seiten und der Regen stürzte herab. Dann stand ich an der Terrassentür und betrachtete ergriffen das Spektakel. War das Gewitter davongezogen, riss der Himmel auf und die Sonne warf ihre Strahlen auf das urplötzlich ruhige Wasser. Wind und Wetter brachten mir nicht nur Kino frei Haus, sie brachten auch sommerliche Ruhe von den Menschen.

Frühling und Sommer waren meine Jahreszeiten, waren es immer schon gewesen. In diesen Monaten war ich entschlussfreudiger, lebendiger, hatte Lust, etwas Neues anzupacken. Auch wenn das manchmal nur kleine Dinge waren. So ließ ich etwa in diesem Sommer für Peikko eine Katzenklappe einbauen. Der kleine Kater wollte gern spätabends nach draußen, er kam dann mitten in der Nacht zurück, brüllte mich aus dem Schlaf und verlangte Einlass. Das wurde mir irgendwann zu anstrengend und so bemühte ich einen Glaser, der mir in die Terrassentür eine Katzenklappe einbauen sollte. Ich suchte ein rundes Exemplar aus Plexiglas aus, das wie ein Bullauge aussah. Peikko beschnupperte dieses neue, seltsame Ding erst einmal und sah mich dann an. Ich schob ihn einmal von innen nach draußen – das begriff er schnell. Nur offenbar verstand er nicht, dass er den gleichen Weg auch in die andere Richtung nehmen konnte. Also schob ich ihn noch einmal, dieses Mal von außen nach innen, durch die Klappe. Jetzt hatte er es verstanden und nutzte seine Tür von da an fleißig. Er schob zunächst eine Pfote hindurch und wand sich dann elegant hinterher. Peikko genoss diese neue Freiheit – ich genoss meine Nächte ohne Unterbrechungen. Allerdings plauderte ich nachts im Bett mit ihm, wenn er draußen war. Der kleine Kater maunzte laut unter meinem Schlafzimmerfenster und wollte, dass ich ihm antwortete. »Peikko, Schätzchen«, rief ich dann nach draußen, »komm doch wieder rein.« – »Mau, mau«, machte er. Wenn ich mit Peikko durchs Fenster sprach, polterte er begeistert auf dem Steg herum. Nicht selten sprang er vom Steg auf den Sicherungskasten und von dort aufs Dach, wo ich ihn dann herumtrampeln – und weiter maunzen – hörte. So plapperten wir entspannt durchs Fenster, bis ich entweder einschlief oder er sich Richtung Land davonmachte. Doch morgens lag er wieder in meinem Bett. Mein kleiner Kater liebte seine neue Tür und belohnte mich dafür, indem er für die Speisen an Bord sorgte: Er brachte mir Mäuse, die er die gesamten vierhundert Meter den Steg entlangschleppte, um mir stolz seine Beute zu präsentieren und sie dann zu fressen. So konnte ich mir leider nicht länger einbilden, er würde weder Mäuse noch Vögel jagen. Einmal saß ich traurig vor den Überresten eines Entenkükens, betrachtete die flaumigen kleinen Federn und die beiden kleinen Füßchen, die Peikko übrig gelassen hatte. »Peikko hat ein Entenküken ermordet«, stand in meinem Logbuch.

Im Sommer war der kleine Kater kaum zu sehen. Nur nachts kam er kurz heim, schlug sich den Bauch voll und verschwand wieder. Meist sah ich ihn einige Tage lang gar nicht, dann wieder blieb er ein, zwei Tage ganz zu Hause, um sich einmal richtig auszuschlafen. Peikko liebte es ganz offensichtlich, im Hafengelände umherzustreifen. Was er dort erlebte, blieb sein Geheimnis. Anderen Menschen gegenüber verlor er seine Scheu nicht, er kam und ging nur dann, wenn gewiss kein anderer Mensch auf dem Steg war. Die abendliche Fütterungszeit hielt er jedoch immer ein, danach konnte ich die Uhr stellen.

Emma hingegen wollte weder die Tür benutzen noch eine Maus fressen. Ihm reichte es, wenn ich ihm die Tür zum Vorschiff öffnete, er ein wenig draußen spazieren gehen und rasch wieder aufs gemütliche Sofa schlüpfen konnte. Und warum Mäuse fressen, wenn leckeres Futter doch immer im Napf landete und nicht erst noch weglief?! Er beobachtete die Vögel, die auf der Terrasse und dem Steg landeten, lieber keckernd von drinnen. Meine beiden Kater, deren Eigenarten ich sehr liebte, waren grundverschieden: Peikko ein flinker Troll mit unbändigem Freiheitswillen, aber auch einer Riesenportion Charme, den er nach seinen Beutezügen spielen ließ, wenn er auf die Lotte zurückkam, sich auf meinem Bauch ausstreckte und gestreichelt werden wollte.

Herr Emma hingegen immer freundlich, gemütlich und zufrieden, bequem und nicht auf allzu viel Bewegung erpicht, dazu erfüllt von der tiefen Überzeugung, dass ich vor allem auf der Welt war, um sein weiches Bäuchlein zu streicheln.

## KAPITEL 18

# Wie Marilyn Monroe

»Wir kommen dich besuchen«, schrieb Maria. »Wenn wir im Sommer nach Schweden fahren, machen wir auf dem Weg Station bei dir auf der Lotte.«

Maria und ihr Mann Alfi sind im Rentenalter und begeisterte Wanderer. Eigentlich hatten sie nie wirklich Zeit, weil ihr Leben zwischen Enkelbetreuung, ehrenamtlichen Aufgaben und unzähligen Reisen sehr bewegt war. Umso mehr freute ich mich, dass sie sich Zeit für den Besuch bei mir nahmen. Natürlich wollte ich, dass ihnen meine Lotte gefiel. Also unternahm ich erst einmal eine große Putzaktion, sodass mein Schiff fein aussah. Dann nahm ich mich meiner Terrasse an. Meine Gartenfreundin Maria sollte schließlich sehen, dass auch dort und eben nicht nur in einem großen Garten ein blühendes Paradies möglich war. Ich band ein paar Stauden zusammen, die in schönster Blüte standen, knipste einige verblühte Rosenblüten ab und rückte den großen Gartentisch zurecht. Dann stand ich zufrieden mit einer Tasse Kaffee draußen und begutachtete mein Werk.

Maria und Alfi waren mit dem Auto unterwegs zu mir. Ich fürchtete, sie könnten den Hafen trotz meiner genauen

Wegbeschreibung nicht finden, und lief nervös auf und ab, schaute dauernd auf die Uhr. Dann verkündete mein Handy den Eingang einer SMS: »Wir stehen im Hafen, holst du uns ab?«

Ich rannte über den Steg, den Molenabgang hinauf und schloss die beiden in die Arme: »Endlich seid ihr da, ich freu mich so!«

Zur Begrüßung gab es Kaffee und selbst gebackenen Kuchen auf der Terrasse. Ich war stolz und glücklich, Maria nach den vielen Mails, in denen ich ihr mein Zuhause beschrieben hatte, nun tatsächlich zeigen zu können, wie ich lebte.

»Es ist ja noch viel schöner, als ich es mir vorgestellt habe«, sagte meine Freundin. »Dass du dich hier wohlfühlst, kann ich gut verstehen!«

Als die Lotte besichtigt, der Steg gezeigt, die Katzen begrüßt waren und wir über bauliche Besonderheiten von Hausbooten gefachsimpelt hatten, brach ein außergewöhnlich milder und beinahe windstiller Abend an. Ich holte den kleinen Grill heraus, legte ein paar Doraden darauf und bereitete einen Salat aus Zutaten von den örtlichen Bauern zu. Dazu gab es knuspriges Baguette und einen perlenden Roséwein.

»Was für ein formidables Restaurant!«, schwärmte Maria und hatte nur noch einen Wunsch: »Darf ich im Wohnzimmer auf dem Schlafsofa übernachten? Ich würde so gern direkt vom Bett aufs Wasser schauen.« Natürlich durfte sie.

Am nächsten Tag – nach einem ausgedehnten Frühstück auf der Terrasse – wollte ich Maria und Alfi meine Vierlande zeigen. Wir brausten über die Deichstraßen, während Maria hin und wieder vor Entzücken aufschrie. Am liebsten hätte sie bei jedem schönen Bauerngarten angehalten. Aber ich hatte mir auch eine kleine Hamburg-Besichtigungstour ausgedacht und steuerte die Hafencity an. Hier entsteht ein ganz neuer Stadtteil: viel Glas und Beton, massenhaft Büroflächen, aber auch begehrter Wohnraum, meist sehr teuer. Wir stolperten mitten in ein Straßenfest hinein. Auf einer Freifläche standen ein paar Leute, Fünfzigerjahremusik klang aus den Boxen. Ein junger Mann forderte die Umstehenden auf, an einem kostenlosen kleinen Swingtanz-Crashkurs teilzunehmen.

»Probiert es einfach mal aus«, lud er ein, »es ist gar nicht so schwer. Übrigens, beim Swingtanz dürfen auch die Frauen führen.«

Das ließ mich absolute Nicht-Tänzerin aufhorchen. »Ich versuch das mal«, sagte ich zu Maria und Alfi, die sich daraufhin auf die großzügigen Treppen setzten, die zur Tanzfläche führten.

»Ich bringe euch jetzt mal als Erstes einen Grundschritt bei«, sagte der junge Mann. »Der geht so: Ihr steht in der Grundposition mit geschlossenen Füßen und bouncet. Das ist das Wippen zum Takt. Dann macht ihr einen Schritt zurück, einen Doppelschritt am Platz und wieder zurück.«

»Kriegen wir das hin?«, fragte ich meine Tanzpartnerin.

»Klar, das machen wir schon«, lachte die junge Frau.

Steif hielt ich meine Tanzpartnerin im Arm, schwitzte und wusste nicht recht, wohin mit meinen Füßen. Ich fühlte mich zurückversetzt in meine Tanzschulzeit. Die Jungs waren alle mindestens einen Kopf kleiner als ich gewesen, sodass ich, wenn wir auf unsere Füße starrten, immer den

Hinterkopf des Tänzers sah. Unbeholfen waren wir durch die Tanzstunden gehopst, es war schrecklich gewesen und ich hatte mir geschworen: Nie wieder Paartanz! Nun fand ich mich, Jahrzehnte später, durch Zufall doch wieder in der Situation. Und plötzlich machte es Spaß. Ich fand die Musik klasse und hatte den Eindruck: Das kann ich ja doch.

Nach der kleinen Probestunde überlegte ich nicht lange und trug mich spontan in die Anmeldeliste für einen Swingtanzkurs ein. Normalerweise hatte ich es gar nicht eilig bei solchen Dingen, recherchierte zunächst gründlich und fragte mich, ob ich auch wirklich wollte. Doch hier hatte es mich irgendwie an einem Zipfel meiner Seele gepackt. Als Noch-Ehefrau hätte ich nie den Mut aufgebracht, so etwas völlig Unbekanntes auszuprobieren. Doch jetzt wollte ich einfach hineinspringen.

Als Maria und Alfi Richtung Schweden aufbrachen und ich wieder allein auf der Lotte war, ließ ich die schönen Tage mit ihnen Revue passieren und dachte an die Tanzeinlage in der Hafencity und meine Anmeldung. Was da wohl auf mich zukommen würde? Ich war neugierig und zugleich ziemlich aufgeregt.

Drei Wochen später stand ich erwartungsvoll vor dem Tanzstudio in Altona, am anderen Ende der Stadt. Ich stieg die Treppen des ehemaligen Fabrikgebäudes hinauf und betrat einen hohen, hellen Raum, in dem sich schon etliche andere Leute tummelten, die offensichtlich auch das Swingtanzen lernen wollten. Viele Frauen, ein paar Männer. Schnell kam ich mit den anderen ins Gespräch, alle waren neugierig und aufgeregt. Viele von ihnen hatten schon Tanzerfahrung.

Dann betraten Tilman und Merle den Raum, unsere Tanzlehrer. Die Stunde begann. Wir stellten uns alle im Kreis auf. Zum Einstieg führten die beiden uns erst einmal etwas vor. Sah das toll aus! Das wollte ich auch können. Motiviert versuchte ich mich an den ersten Grundschritten. Und merkte schnell: Das kann ich gar nicht. Ich war Leader, also die führende Tänzerin, und musste somit nicht nur meine eigenen Schritte organisieren, sondern auch die meines Followers, also des Menschen, den ich zu führen versuchte. Anfangs war ich derart auf meine und die beiden fremden Füße konzentriert, dass ich die Musik kaum hörte. Wieder überfiel mich das alte Tanzstundengefühl und ich fragte mich, was mich eigentlich geritten hatte, mich hier anzumelden. Als Alex mich anrief, um zu hören, wie es gewesen war, sagte ich: »Das lerne ich nie!« Was mich bei der Stange hielt, war zunächst weniger das Tanzen als vielmehr die Leute, die ich zum großen Teil sympathisch fand. Vor dem Kurs gab es Gelegenheit zum Austausch und ich lernte die Kursteilnehmer schnell besser kennen, fuhr immer früher zum Kurs los, weil ich vorher noch mit dem einen oder anderen plaudern wollte. Doch das Tanzen war und blieb schwierig. Dennoch spürte ich, dass es mir guttat. Mein Kopf wurde frei, ich mochte die schwungvollen Bewegungen. Trotz einiger Verzweiflungsanfälle blieb ich dran.

»Keine Sorge, das lernst du schon«, ermunterte mich Tilman, von allen nur Tille genannt. »Bleib dran, dann wirst du viel mehr Spaß haben als ein Follower, weil du bestimmen kannst, was auf der Tanzfläche abgeht!«

»Ich gehöre bestimmt zu denen, die das nie lernen.«

»Nein, die gibt es gar nicht, irgendwann schafft es jeder. Geh ruhig mal auf eine Swingparty, trau dich, dann wirst du es schon lernen.«

»Als Frau so ganz allein auf eine Party, wo ich niemand kenne?«

»Keine Sorge, da wird man als Frau nicht belästigt. Das ist ein No-Go in der Szene, Anmachertypen fliegen bei den Partys raus.«

Beim Gehen steckte ich mir einen Flyer mit den nächsten Terminen in die Tasche. Und machte mich kurze Zeit später tatsächlich ganz allein zu einer Party in unserem Tanzverein auf. Als ich hereinkam, traute ich meinen Augen kaum: Ich schien in die Fünfzigerjahre zurückversetzt zu sein. Ganz abgesehen von der Musik, die mir in die Beine ging, atmete die ganze Atmosphäre diese Zeit. Bis auf wenige Leute, die wie ich ein ganz normales Outfit trugen, hatten sich die allermeisten richtig in Schale geworfen. Die Männer in Anzügen, die Haare zu einer Tolle gezwirbelt. Vor allem aber die Frauen. Sahen die toll aus! Bunte Kleider, gepunktet und geblümt, manchmal sogar von einem Petticoat aufgebauscht, wirbelten über die Tanzfläche. Der ganze Raum schwirrte. Und das Überwältigende war: Alle, die tanzten, lächelten oder lachten. Bei meinen ersten Partybesuchen traute ich mich noch nicht auf die Tanzfläche. Alle anderen konnten die Tänze so gut, ich wäre sicher aufgefallen, wenn ich da so hölzern und schwitzend herumprobiert hätte, dachte ich damals.

Aber ich wollte es auch können, blieb eisern dabei und ließ mich von Tille immer wieder ermutigen. Große Fortschritte gab es zunächst nicht. Also traf ich mich mit zwei

Mittänzern privat, um die gelernten Schritte zu üben. Es war zum Verzweifeln, ich kriegte es nicht hin, fühlte mich hölzern und steif. Spielte gar mit dem Gedanken, das Ganze abzubrechen. Aber irgendetwas hielt mich bei der Stange, zog mich immer wieder zu den Tanzstunden. Ich blieb so hartnäckig, dass ich mich sogar zu einigen Wochenend-Workshops anmeldete, zu denen regelmäßig Tanzlehrer aus anderen Städten nach Hamburg eingeladen wurden. Wir trafen uns meist in einer Schulaula und den dazugehörenden Sporthallen. Die Leute kamen von überall her, Fortgeschrittene und Anfänger, und waren nicht nur am Tanzen interessiert, sondern auch an den anderen Teilnehmern. In den Pausen stand man beisammen, stärkte sich mit Bananen und Süßigkeiten und lernte sich kennen. Für mich kam natürlich nur das Anfängerlevel infrage, dennoch schwitzte ich ob der Anstrengungen und hatte unentwegt das Gefühl, alle anderen könnten es viel besser als ich. Und irgendwann, ganz plötzlich bei einem dieser Workshops, machte es klick. Auf einmal war sie da, die große Tanzfreude. Ich hatte mit einer jungen Frau getanzt, die zum ersten Mal einen solchen Kurs belegt hatte. Sie war frisch verliebt in einen leidenschaftlichen Lindy-Hop-Tänzer und wollte das nun auch lernen. Wir waren ständig über unsere Füße gestolpert und hatten dabei unglaublich viel gelacht. Aber dann war mit einem Mal in meinem widerspenstigen Hirn alles an seinen Platz gerutscht, die Musik übersetzte sich in Tanzschritte und ich schwenkte meine Followerin begeistert herum.

Endlich hatte auch ich Spaß auf den Partys. Da ich aus dem Tanzkurs und den Workshops bereits viele Follower kannte, kam ich kaum von der Tanzfläche weg. Schon früher, neu in Hamburg, war ich gern tanzen gegangen, damals allerdings in Diskotheken, in denen man allein auf die Tanzfläche ging. Später hatte sich das verloren, obwohl es mir immer fehlte. Nun hatte ich es mir zurückerobert, ging beinahe jeden Sonnabend aus, oft auch sonntags zum Nachmittagstanz, war ständig unterwegs und kannte bald viele der Tänzer.

»Ob mir so ein Kleid wohl steht?« Ich wollte mich endlich auch so anziehen wie die Leute, die ich bei den Tanzevents so gern anschaute. Jetzt stand ich in einem der Hamburger Geschäfte mit Fünfzigerjahremode und schaute mich um. Es war ein winziger Laden, vollgestopft bis unter die Decke mit Kleidern. Ich wusste gar nicht, wo ich anfangen sollte, und fragte die Verkäuferin: »Ich suche auch so ein Kleid mit weitem Rock, aber ich weiß gar nicht, ob mir das steht.«

Sie lachte. »Die stehen jeder Frau, was suchst du denn genau?«

»Eher was Schlichtes.«

»Hier hab ich ein blaues Kleid, kein Firlefanz, aber ganz süß, hat nur die weißen Ränder, probier das mal an.«

Fassungslos stand ich vor dem Spiegel. Ich fand mich richtig schön. Das Oberteil lag eng an, betonte meine Kurven, ab der Taille fiel das Kleid weit wie ein Teller bis knapp unters Knie.

»Wie für dich gemacht«, befand die Verkäuferin. Und ich musste ihr zustimmen. Ich fand mich richtig gut in diesem Kleid.

Das Gefühl, eine attraktive Frau zu sein, hatte ich schon lange nicht mehr gehabt. Es war mir in meiner Ehe abhandengekommen. Jetzt nahm ich mich selbst wieder ganz anders wahr. Die Kleider und die weiten Hosen, die ich zum Tanzen anzog, waren nur ein erster Schritt. Viele Swingtänzerinnen trugen raffinierte Hochsteckfrisuren, drehten ihre langen Haare auf, schmückten sie mit Blütenkämmen. Ganz besonders toll fand ich die Victory Rolls, so etwas wollte ich auch. Doch mit meinem raspelkurzen Haar war das nicht machbar. Seit Jahren sagten meine Freunde mir: »Du hast so schöne Locken, lass dir doch die Haare wachsen.« Ich aber hatte an meiner praktischen und bequemen Frisur festgehalten. Bis jetzt. Nun ließ ich mir die Haare wachsen und lernte Antje, eine Friseurin, kennen, die Kurse für Retro-Frisuren anbot.

»Kann ich mit dieser Länge überhaupt schon was anfangen?«, fragte ich Antje, als meine Haare nicht mehr ganz kurz waren.

»Aber klar«, meinte sie, »das kriegen wir hin, wir tricksen einfach ein bisschen, bis deine Haare länger sind.«

Sie zeigte mir, wie ich meine Haare aufwickeln und herrichten konnte, steckte ein paar kleine Kämmchen hinein und schwupp war sie fertig, die neue Nicola, auch äußerlich. Ich hatte Freude daran, mich zurechtzumachen, belegte mit wachsender Haarlänge immer wieder Kurse bei Antje und konnte tatsächlich bald hübsche Frisuren machen.

Ich veränderte meinen Stil komplett, auch im Alltag. Die bis dahin nüchtern und geradlinig in gedeckten Farben gekleidete Frau liebte es nun, farbenfrohe Kleider und verspielte Accessoires zu tragen. Meine Haare lockten sich wieder um meine Schultern und machten mich weicher, weiblicher. Ich selbst ging mit geraderem Rücken und leuchtenden

Augen durch die Welt, fand mich schöner und war ganz beschwingt. Es fühlte sich toll an, wenn die weiten Röcke um meine Beine tanzten, wenn ich vor einer Party an meinem Haar herumtüdelte, gewagte Frisuren bastelte. Ich fing sogar an, mich mehr zu schminken. Auch für das stilechte Fünfzigerjahre-Make-up hatte ich einen Kurs bei Antje belegt. Bis dahin hatte ich zum Ausgehen nur Lidschatten benutzt und die Wimpern getuscht. Jetzt wagte ich mich an den anfangs noch schwierigen Lidstrich, legte Make-up und Rouge auf, trug feuerroten Lippenstift. Nicht selten bekam ich dann auf der Straße von wildfremden Menschen Komplimente. Und so mancher Bootsbesitzer schaute mir staunend hinterher, wenn ich aufgehübscht zum Tanzen ging, denn bis dahin hatte man mich meist im Blaumann und mit Gummistiefeln gesehen. Einmal hörte ich in meinem Rücken: »Wer war denn das mit dem fliegenden Rock? Wie Marilyn Monroe.«

## KAPITEL 19

# Auf Tuchfühlung mit den Naturgewalten

»U nwetterwarnung, es ist am Nachmittag mit Orkanböen der Stärke elf zu rechnen!«, verkündete das Radio schon am Vormittag. »Entfernen Sie Ihre Fahrzeuge aus den tieferliegenden Hafengebieten und verlassen Sie Ihre Häuser nicht! Das Morgenhochwasser wird voraussichtlich drei bis fünf Meter höher auflaufen als Normalnull.« Am Abend war der Wind frisch, aber noch nicht stürmisch. Mal wieder so eine vorschnelle Warnung und Panikmache, dachte ich und ging ganz entspannt schlafen. Gegen fünf Uhr erwachte ich, als die Lotte von heftigen Böen durchgerüttelt wurde, die knarrend an den Festmacherleinen zerrten. Der Orkan röhrte um das Schiff und veranstaltete auf den Wassertanks des ersten Winters, die ich nun auf dem Dach angebunden hatte, ein Trommelkonzert, indem er sie offenbar immer wieder aufs Neue hochschleuderte. Ich sah die Tanks vor meinem inneren Auge schon durch die Gegend fliegen und machte mich einmal mehr in tiefschwarzer Nacht auf, um zu kontrollieren, ob die Lotte noch fest an ihren Leinen lag oder irgendetwas über Bord geweht war. Alles okay. Ich legte mich wieder schlafen. Als ich am nächsten Morgen aufstand, blitzte die Sonne am wolkenlosen Himmel, aber der Wind hatte keineswegs nachgelassen. Die Elbe trug Schaumkronen und ich schwamm mit der Lotte fast auf Höhe des Molenkamms. Gegenüber war einer der Ausleger abgerissen, versunken in den Fluten. Das Boot, das an ihm befestigt war, wurde von den Wellen hin und her geschleudert.

Ich kletterte aufs Dach, um die Tanks besser zu befestigen. Außerdem hatte sich einer meiner Pflanzkörbe aus seiner Befestigung gelöst und drohte über Bord zu gehen. Ich kroch übers Schiff, durchgepustet von allen Seiten, und mühte mich ab, die großen Kunststoffbehälter anzubinden. Dabei konnte ich kaum meinen Blick von der Umgebung abwenden, starrte fasziniert auf das Schauspiel. Stürme hatte ich schon immer geliebt, am meisten direkt am Meer. Diese Urgewalt der Elemente übte eine seltsame Faszination auf mich aus. Und auf der Lotte war ich mittendrin. Es war ein fast unwirkliches Bild, das sich mir da bot: Der blaue Himmel schien friedliches Wetter zu verheißen. Doch die Elbe war aufgewühlt, richtige Wellen mit Schaumkämmen donnerten auf die Lotte zu, der Wind warf mich auf dem Vorschiff beinahe um. Da trieb ein abgerissener Ast, fast ein kleiner Baum, direkt in den Hafen, warf sich quer über den Steg. Ich zerrte ihn aus den Planken, sodass er mit der nächsten Ebbe davonschwimmen konnte. Die Lotte selbst erbebte unter den Orkanböen, schaukelte trotz ihres Gewichtes. In den Segelurlauben mit meinem Mann, wenn wir mit unserem Boot in einem eher ungeschützten Hafen gelegen waren, hatten wir das Gefühl gehabt, in einem defekten Fahrstuhl zu sitzen, der rüttelnd und hopsend hoch- und wieder hinabgeschleudert wurde. Auf der Lotte war das anders – normalerweise. Heute waren die Orkanböen deutlich zu spüren und zu hören. Da quietschten die metallenen Brücken, die die Stegteile verbanden, da wummerte der Wind gegen die Tür zum Vorschiff. Es war gefährlich, doch ich mochte diese aufregenden Naturschauspiele.

Aber sie kündeten vom nahenden Herbst. Wieder stand ein langer Winter vor der Tür, wieder erwarteten mich Einschränkungen, die mein Leben schwer und mühsam machen würden. Es war, als gäbe es zwei verschiedene Nicolas. Die eine, die sommerlich-heiter durchs Leben tanzte, energiegeladen und fröhlich. Und die winterliche, die schwer durch die dunklen Tage trottete, bedrückt durch die Schwierigkeiten, die ihr das Lotte-Leben abverlangte. Im Sommer hatte ich die Winterprobleme gut beiseiteschieben können, hatte schlichtweg keine Lust gehabt, daran zu denken.

Doch jetzt, als der Herbst übers Land zog, die Sonne beim Untergehen schon hinter der Mole verschwand und das laute Tröten der sich sammelnden Gänse im Hafen zu hören war, legte sich die Sorge auf mein Gemüt. Ich hatte den ersten Winter nur unter großen Mühen und mit gewaltigen Einschränkungen hinter mich gebracht. Wie würde dieser zweite Winter werden? Die Lösung der Probleme wäre ein umfangreicher energetischer Umbau der Lotte gewesen. Aber meine Selbstständigkeit warf auch jetzt nicht so viel ab, dass ich daran hätte denken können. Doch ich wollte nicht aufgeben, wollte an meinem Traum festhalten, meine Lotte nicht verlassen, die ich so sehr liebte. Wenn die große Lösung nicht in Sicht war, so mussten zumindest kleine her.

Als Erstes fuhr ich zu meinem Gashändler – ein Familien-
betrieb, ein echter Landhandel, der neben Gasflaschen alles
Mögliche führte, was man sonst noch für Haus und Garten
brauchen konnte. Neben Gartenerde und Gummistiefeln
gab es hier Dünger und Pflanzenschutzmittel, aber auch
Kaminholz und Arbeitshandschuhe. Wenn ich meine Gasflaschen holte, half mir immer einer der Männer beim Be-
und Entladen meines Smarts. Alle wussten inzwischen, dass
ich auf einem Hausboot lebte und meine Winter nicht leicht
waren.

»Jetzt geht diese Schlepperei mit den Flaschen wieder
los!«, klagte ich, als ich an diesem Tag auf den Hof fuhr.

»Wir können dir eine Palette mit neun Flaschen in den
Hafen liefern, was hältst du davon? Das kostet gar nichts
obendrauf«, schlug Thorsten, einer der Juniorchefs, mir
vor. »Außerdem kannst du unsere alte Sackkarre haben, die
haben wir mal extra für die großen Gasflaschen umgebaut,
aber wir brauchen sie nicht mehr, wir liefern ja nicht mehr
ins Haus.«

»Was wollt ihr denn dafür haben?«

»Die schenken wir dir, du bist so eine gute Kundin«,
meinte er lachend.

Ich lachte mit, auch wenn mir bei dem Gedanken an die
Wuchterei mit den Flaschen, die nun wieder losgehen würde,
eigentlich eher zum Heulen zumute war. Immerhin erleich-
terte die Sackkarre den Transport ein winziges Bisschen. Mit
dem kleinen Hafenwagen war es noch mühsamer gewesen.

Schwierig blieb es dennoch, denn der Hafenmeister
wollte die Lotte in diesem Herbst nicht mehr dichter in den
Hafen schleppen. So hatte ich mit den Gasflaschen einen

weiten Weg über den elenden und schmierigen Steg. Zudem konnte ich die Flaschen nur bei Flut transportieren, da ich aber beruflich nun häufiger unterwegs war, musste ich meine Gasversorgung genau planen. Ich begann damit, die Temperatur weiter herunterzuregeln, 18 Grad hatte es nun auf der Lotte, wenn ich zu Hause war und am Schreibtisch arbeitete. Dadurch konnte ich eine Menge Gas sparen. Wurde es mir zu kalt, heizte ich zusätzlich mit meinem Kamin.

Die nächste Hürde war die Wasserversorgung. »Kannst du mal gucken kommen, ich hab da eine Idee«, fragte ich meinen Klempner Meik. Ich hatte ihn bei dem Angehörigengespräch für eine Trauerfeier seines Schwagers kennengelernt. Als ich erzählt hatte, dass ich auf einem Hausboot lebte, hatte er damals gesagt: »Wenn du mal einen Klempner brauchst, ruf mich gern an.«

»Lass uns erst mal einen Kaffee trinken«, lud ich ihn ein. Wir setzten uns auf die Terrasse, die er natürlich gebührend bewunderte, und ich erzählte: »In der Bilge liegen zwei flexible Tanks, da passen zweitausend Liter rein. Kann man die irgendwie so anschließen, dass ich das Wasser aus dem Hahn kriege?«, wollte ich von ihm wissen.

»Das kriege ich hin, ich schaue mir das mal eben alles an.«

Schon war er in die Bilge gekrochen.

»Hast du ʼne Pumpe, soʼn Ding für den Garten?«

Ja, so eine Pumpe hatte ich tatsächlich in meiner Werkstatt gesehen, der Vorbesitzer hatte sie mir überlassen. Ich kramte sie hervor.

»Die ist genau richtig, ich überlege mir mal was«, sagte Meik und verabschiedete sich.

Ein paar Tage später rief er mich an:

»Ich habe eine Lösung gefunden, wann hast du Zeit?«

Wir verabredeten uns für den nächsten Tag und ich war mächtig gespannt, was er wohl vorhatte.

»Mach mir doch erst mal 'n Käffchen«, forderte er, »dann erzähle ich dir, was ich vorhabe.«

Wieder saßen wir auf der Terrasse und Meik erläuterte mir seinen Plan:

»Ich habe hier verschiedene Anschlüsse für die Pumpe und 'n paar Schläuche mitgebracht. Die bastle ich zusammen und stecke die Pumpe dazwischen. Damit kannst du aus den Tanks in der Bilge das Wasser hoch- und in deinen Wasserkreislauf pumpen. An die Wasserrohre, die zu den einzelnen Hähnen auf der Lotte führen, mache ich Hähne, damit du die Rohre schließen kannst, die zur Pumpe führen, denn im Sommer brauchst du ja kein Wasser aus den Tanks. Du steckst dann einfach die Pumpe an, drehst die Hähne auf und dann hast du fließendes Wasser!« Er strahlte. Und ich mit ihm, denn das hörte sich fantastisch an. Nach dem Kaffee verschwand er im hinteren Teil des Schiffes und machte sich an die Arbeit, ich hörte ihn klopfen und hämmern. Meik war ein Klempner nach meinem Geschmack. Er hatte sich alles angesehen und seine Augen hatten zu leuchten begonnen: Hier war endlich mal eine Aufgabe, die ihn herausforderte, die anders war als das normale Tagesgeschäft. Und Meik war Gold wert. Es dauerte gar nicht lange, dann war er schon fertig. Er zeigte mir, wie alles funktionierte, und freute sich über meine Begeisterung.

»Hast du noch ein bisschen Zeit?«, fragte ich ihn.

»Ja, das war mein letzter Auftrag heute.«

»Fein, ich habe Käsekuchen gebacken und mache uns noch einen Kaffee «, lud ich ihn ein.

Und so saßen wir wieder auf meiner Terrasse und kamen ins Plaudern. Er erzählte von seinem alten Hund, der immer in seinem Monteurwagen mitfuhr. Berichtete, dass er nur einmal im Jahr Urlaub mit seiner Frau machte.

»Öfter muss ich nicht weg«, meinte er, »mir macht mein Beruf so viel Spaß, dass ich gar keinen Urlaub brauche.«

»Och, ich fände es ganz schön, wenn ich nach fünf Jahren mal wieder wegfahren könnte«, gab ich zurück.

»Aber du hast es doch hier wie im Urlaub, fährst du überhaupt noch gern weg?«

»Du hast recht, im Frühjahr und im Sommer ist es tatsächlich wie im Urlaub hier. Dann freue ich mich jeden Tag, wenn ich wieder nach Hause auf die Lotte komme. Im Winter ist das anders ... Aber deine Konstruktion fürs Wasser hilft mir dieses Jahr bestimmt!«

Die Tanks in der Bilge hatte ich mit rund zweitausend Litern Wasser gefüllt, bevor die Wasserleitungen unter dem Steg abgestellt wurden. Mithilfe der ausgeklügelten Konstruktion konnte ich nun überall die Wasserhähne bedienen. Ein wunderbares Gefühl. »Der Winter kann kommen, ich bin vorbereitet!«, schrieb ich ins Logbuch.

Etwas leichter ging ich nun also in die kalte Jahreszeit. Und es war ja tatsächlich nicht nur anstrengend auf der Lotte, es war auch gemütlich. An einem regnerischen, grauen Tag steckte ich zum ersten Mal wieder meinen Kamin an. In bequemen Klamotten, mit Buch und Tee legte ich mich aufs Sofa, eingehüllt in Marias warme Decke. Der ganze große Raum war erfüllt vom Duft des brennenden Holzes, es war behaglich warm. Vom Sofa aus hatte ich immer noch einen wunderbaren Blick aufs Wasser. Es war so viel schöner als an Land, auch jetzt noch. Nachts lag ich im Bett, der Wind rüttelte an den Schotten und der Regen prasselte aufs Dach. Ich lag inmitten dieses Getöses warm und geborgen mit meinen Katern im Bett und liebte es. Ich erinnerte mich an meine Kindheit und Jugend. Damals hatte ich mit meinen Eltern im oberen Stockwerk in einer Wohnung mit Wintergarten gelebt, der zu meinem Zimmer geworden war. Nach heutigen Maßstäben war er ein Desaster gewesen: Im Winter mussten wir Decken vor die undichten Fenster hängen, damit ich nicht fror, und die alte Tür zum Rest der Wohnung ließ sich nur von außen schließen. Ich aber hatte dieses Zimmer geliebt. Wie eine Königin hatte ich hoch über den Gärten gethront, hatte die gesamte Umgebung überblicken können. Am schönsten hatte ich es jedoch gefunden, wenn der Regen aufs Dach trommelte, ich die Vögel herumhüpfen hörte und die Winterstürme ums Haus fegten und ich es in meinem Zimmerchen behaglich hatte. Als wir umgezogen waren, hatte ich geweint, weil ich so gern geblieben wäre. Nie wieder hatte ich so nah an der Natur gewohnt, es mir aber all die Jahre sehnsüchtig gewünscht.

Ich fand es wunderbar, die Natur so unmittelbar mitzubekommen – manchmal im wahrsten Sinne hautnah, wenn ich zum Beispiel morgens mit Schnee im Gesicht aufwachte, weil der Ostwind ihn direkt in mein Schlafzimmer geweht hatte. Denn inzwischen war der Winter übers Land gestiefelt und hatte Schnee und Frost verbreitet.

Das verhangene Licht des Wintermorgens mochte ich. Wenn der Tag nur sehr zögerlich kam, die dunkle Decke der

Nacht noch nicht recht weichen mochte. Irgendwann kam sie doch, die sanfte Helligkeit, die die gesamte Umgebung in Aquarellfarben tauchte. Wenn es über Nacht gefroren hatte, war der Steg ein weißes Band im graublauen Wasser. Ein Band, das mit tausend funkelnden Sternen besetzt war. Doch das Laufen auf dem vereisten und bereiften Steg war sehr gefährlich, es war entsetzlich glatt. Ich musste den Weg langsam wie eine Schildkröte, mit gut besohlten Schuhen, in Angriff nehmen. Doch trotz aller Vorsicht stürzte ich in diesem Winter eines Tages, weil ich unter dem Schnee eine vereiste Pfütze nicht gesehen hatte. Ich konnte mich nicht halten, knallte auf den Hinterkopf und holte mir eine Gehirnerschütterung. Und das blieb nicht der einzige Unfall. Eines kalten Morgens musste wieder eine Gasflasche her, die Flut war da. Ich wuchtete das Ding vom Stahlgestell herunter und musste sie nun irgendwie auf meine neue Sackkarre bekommen. Bei dieser Wuchterei glitt mir eine frostbereifte Flasche aus der Hand, fiel erst auf meinen Fuß, dann auf meinen Finger. Der war zwar durch einen Handschuh geschützt, schwoll aber sofort an: gebrochen, wie sich später herausstellte. Nichtsdestotrotz musste ich – nun unter Schmerzen – die Flasche auf der Karre über den Schotterplatz im Hafen ruckeln, den Abgang von der Mole zum Steg hinunterschieben, ohne dass das schwere Ding ins Wasser fiel. Dann ging es weiter über den eisglatten Schwimmsteg bis zur Lotte. Ich hatte mir eine Technik ausgedacht, um die Flasche aufs Schiff zu befördern. Dafür legte ich sie auf den Steg, schob sie über die Lücke zwischen Steg und Lotte hinüber, richtete sie an Bord auf und schloss sie an. Eine extrem anstrengende und schwere Arbeit, zumal mit der Einschränkung der

Verletzungen. Aber es war ja niemand da, der mir hätte helfen können. Also biss ich die Zähne einmal mehr zusammen und kriegte es hin. Wie immer. Mit einer Art Galgenhumor sagte ich mir, dass ich durch die schwere Arbeit so manche Stunde im Fitnessstudio sparte.

Wenn die Stürme über die Elbe fauchten, hatte ich immer ein Auge auf die anderen Boote, die noch im Hafen lagen. Oftmals riss sich eines von den Leinen los. Dann turnte ich über Stege und Boote, um alles wieder festzubinden, nicht nur die Lotte. Einmal lag ich abends lesend auf dem Sofa, als das Schiff plötzlich heftig zu schwanken begann. Schubladen sprangen auf, Bilder fielen von der Wand. Gleichzeitig hörte ich von draußen Krachen und Knirschen. Ich raste aufs Vorschiff und sah gerade noch, wie auf der anderen Seite des Hafens ein Binnenschiff anlegte, das offensichtlich in voller Fahrt in den Hafen gedonnert war. Schnell kontrollierte ich die Lotte, sie hatte eine Beule abbekommen, als sie gegen den Steg geschleudert worden war. Den Steg selbst und auch andere Boote hatte es schlimmer getroffen, überall waren Beulen und Dellen, zerborstene Planken und abgerissene Steghalterungen zu sehen.

Mein Telefon klingelte, es war der Hafenmeister, der gerade oben an der Mole stand: »Was ist los da unten bei dir?«

»Hier ist gerade ein Binnenschiff in den Hafen gerast. Einige Boote haben sich losgerissen, ich kontrolliere gerade alles.«

»Ich komme mal runter«, sagte er. Kurz darauf war er da und begutachtete alles. »Ich ruf die Polizei«, meinte er, »die müssen den Schaden aufnehmen.«

Als die Herren eintrafen, wurde auch ich befragt:

»Was ist denn passiert? – Wo ist das Schiff denn jetzt? – Aha, wieder rausgefahren. – Haben Sie sich den Namen gemerkt? – Ja, ja, war noch zu dunkel, hm.«

Ohne jeden Anhaltspunkt war es natürlich schwierig, die Täter ausfindig zu machen. Aber der Hafenmeister hatte noch eine Idee. Er rief einen befreundeten Binnenschiffer an, der ihm offensichtlich weiterhelfen und ihm einen Namen nennen konnte.

»Sie können den Bootsführer haftbar machen«, sagte der Polizist, »hier ist ja doch einiges kaputtgegangen.«

Jetzt sah ich es auch: Einige der Ausleger und auch der Hauptsteg hatten etwas abbekommen. Etliche Festmacherklampen waren abgerissen, eines der Boote hatte sogar ein Loch, allerdings oberhalb der Wasserlinie, es drohte also nicht unterzugehen. Auch die Lotte hatte eine Delle mehr. Aber das störte mich nicht, das musste mein altes und stabiles Schiff abkönnen.

An einem anderen Abend donnerte über die Elbe ein Gewitter mit Hagel heran. Bald schon hörte ich – inzwischen war ich schon daran gewöhnt – wieder einmal irgendetwas auf der Terrasse poltern und öffnete die Tür, um nachzusehen. Diesen Moment nutzte Peikko, sauste an mir vorbei, um die Ecke, dann war er verschwunden. Der Wind stürmte mit Orkanstärke, der Hagel kam waagerecht und ich dachte entsetzt: Jetzt wird er bestimmt in die Elbe geweht. Schließlich wiegt so ein kleiner Kater nicht viel, schon ich mit meinem Menschengewicht hatte Probleme, mich auf den Beinen zu halten. Also schnappte ich mir die große Taschenlampe, die immer griffbereit neben der Terrassentür stand, und suchte verzweifelt nach meinem Kater. Ich kroch über den nassen

Steg, leuchtete darunter, ließ den Strahl der Taschenlampe über das aufgewühlte Wasser wandern. Zwischendurch musste ich immer wieder ins Trockene, um meine Brille trockenzuwischen, die ständig beschlug, und war selbst bald bis auf die Haut nass. Ich schrie mir die Seele aus dem Leib, aber Peikko blieb verschwunden. Ich weinte und hatte eine Riesenangst um ihn. Irgendwann flauten Sturm und Hagelschauer ab. Peikko war weiterhin nirgends zu sehen, aber eine Hoffnung hatte ich noch: Vielleicht war er ja den Steg entlang Richtung Land gelaufen. Gerade als ich mich aufmachen wollte, um dort nach ihm zu sehen, kam er mir maunzend entgegengelaufen. Ich brüllte ihn an, erleichtert, dass ihm nichts passiert war. Schnappte das durchnässte Tier und brachte es zurück auf die Lotte. »Peikko mal wieder gerettet, der Kerl kostet mich mehr Nerven als jeder Mann«, notierte ich in meinem Logbuch.

Nach diesem Erlebnis fand ich beim nächsten Sturm mit waagerecht fallendem Regen und Kälte, dass Peikko nicht nach draußen müsse. Ich sperrte abends seine Katzenklappe zu und ging ins Bett. In der Nacht erwachte ich, weil ich ihn unter meinem Schlafzimmerfenster krähen hörte. Der kleine Kerl fand offensichtlich nicht, das Wetter sei zu schlecht für ihn, und hatte sich darangemacht, die Verschlüsse der Katzenklappe abzureißen. Ich fand die Einzelteile auf dem Vorschiff und im Wohnzimmer, fügte alles wieder zusammen und versuchte probehalber, mit meinen Menschenkräften den Verschluss abzureißen. Es gelang mir nicht. Peikko musste ungeheure Kräfte entwickelt haben, um in die Freiheit zu gelangen. Alle weiteren Versuche, die Tür zu verschließen – etwa mit einer davorgeklebten Backform –, erwiesen sich als untauglich. Peikko gelang es, jede meiner Konstruktionen zu zerstören. Das Einzige, was ihn am Rausgehen hinderte, war ein Stuhl, den ich so vor die Klappe stellte, dass er nicht drankam. Allerdings maunzte er daraufhin die ganze Nacht protestierend, sodass ich den Stuhl entfernte und ihn seufzend in die Freiheit entließ.

Im Februar war plötzlich das Wasser in meinen Tanks alle. Zum Glück war der Hafenmeister bereit, mir für die letzten Winterwochen, in denen es, wie wir hofften, nicht mehr so stark frieren würde, eine eigene Leitung runter zur Lotte zu legen. So musste ich nicht täglich im Hafen oben Wasser in die kleinen Zehnlitercontainer zapfen. Dennoch war ich froh, dass das Frühjahr in greifbare Nähe rückte. Auch dieser Winter hatte mich wieder an meine Grenzen gebracht, wenngleich ich vieles leichter ertragen hatte, weil ich gewappnet gewesen war.

## KAPITEL 20

# Hat die Liebe
# eine Chance?

»Fiii, fiii«, tönte es an einem frühen Frühjahrstag um die Lotte. Die Schwalben waren zurück. Ich konnte stundenlang diesen kleinen Kobolden der Luft zuschauen, wie sie dicht übers Wasser schossen, sich dann hoch in die Luft schraubten und gewagte Flugmanöver ausführten. Sie waren für mich eines der geliebten und vertrauten Zeichen, dass der Winter überstanden war. Ich hatte mir immer gewünscht, dass sie auf der Lotte nisten würden. Und tatsächlich: Im Frühsommer begann ein Schwalbenpaar in der Dachverstrebung direkt über der Terrassentür ihr Nest zu bauen – ein eher problematischer Nistplatz, weil ich im Sommer ständig aus- und einging und das Nest quasi in Kopfhöhe entstand. Doch die Vögel lernten schnell, dass ich keine Gefahr darstellte. Wenn ich an warmen Abenden draußen saß, umflogen sie mich ganz vorsichtig, dann nahmen sie Kurs auf ihr Nest und klebten die kleinen dunkelbraunen Lehmkügelchen aneinander. Langsam wuchs ihr Heim, bildete eine schützende, aber zunächst noch nackte Mulde. Dann begannen die Vögel, kleine Federn und trockene

Grashalme heranzuschaffen, mit denen sie ihr Nest auspolsterten. Gespannt wartete ich auf den Brutbeginn. Und war stets in Sorge, dass sie sich durch meine Anwesenheit auf dem Vorschiff vielleicht doch von Brut und Fütterung abhalten lassen könnten. Doch Schwalben und ihre Nester stehen unter Schutz, man darf die Nester nicht zerstören. So ließ ich der Natur ihren Lauf. An einem Samstag fühlte ich das erste Ei im Nest, drei weitere kamen im Laufe der nächsten Tage hinzu. Doch die Schwalben kamen nur gelegentlich vorbei. Ich sorgte mich. So wurden doch die Eier kalt, konnte die Brut gelingen? Immer wieder verirrte sich auch eine der Schwalben durch die geöffnete Terrassentür ins Lotte-Innere, drehte ihre Kreise und sauste wieder hinaus, äußerst interessiert beobachtet von meinen Katern. Eines Abends, es war wunderbar sonnig, aber kühl, sodass ich lesend auf dem Sofa lag, hörte ich Getöse auf dem Vorschiff. Dann kam Peikko hereingeschossen und hatte eine Schwalbe im Maul. Inzwischen hatte ich herausgefunden, dass er von seiner Beute abließ, wenn ich ihm seine geliebte Malzpaste anbot. Auch diesmal klappte das Ablenkungsmanöver und ich konnte die Schwalbe retten, sie flog unverletzt davon. Allerdings fand ich am nächsten Morgen Schwalbenfederchen und -teile auf dem Vorschiff. Die Vögel waren fort und hatten ihre Eier im Stich gelassen. In diesen Momenten liebte ich meinen Kater nicht. Allerdings fand ich, es sei nur angemessen, die toten Tiere und auch ihre Reste zu bestatten. Schließlich war ich Trauerrednerin. Und so bekam jedes erbeutete Tier eine Seebeisetzung mit einer Rede, die seiner Größe angemessen war.

Damit war die Idee von einem Schwalbennest auf der Lotte begraben, aber das tat meinen Sommerfreuden keinen Abbruch. Tati und Stefan schleppten mich mit zum Erdbeerfest, das einmal jährlich im Freilichtmuseum Rieckhaus stattfand. Hier stellten sich Vereine und Gewerbetreibende aus der Umgebung vor und es gab alle möglichen Leckereien rund um die »Vierländer Praline«, die Erdbeere. Tati und Stefan hatten ihre prächtigen Vierländer Trachten angezogen, ich kam im erdbeerroten Kleid. Auch ihre Tochter Johanna steckte in Vierländer Tracht, denn sie hatte einen Auftritt mit der »Vierländer Speeldeel«. Ich kannte bis dahin niemand, der so selbstverständlich wie die Timmanns eine Tracht trug. Für mich hatte das immer befremdlich gewirkt, volkstümelnd. Hier aber erlebte ich es anders, als gelebte Kultur.

»Tati, wo kriegt man diese Trachten denn her, ich hätte auch gern eine«, fragte ich daher, denn auch ich wollte künftig angemessen auf den Vierländer Festen auftauchen.

Sie lachte nur. »Die musst du dir schon selbst nähen.«

Bis heute habe ich keine Tracht, dazugehörig fühle ich mich trotzdem.

Es war ein schöner, warmer Sommer, sogar ein paar richtig heiße Tage waren dabei, in denen es selbst auf der Lotte mit dem schwarz gestrichenen Dach, das die Sonne einfängt, beinahe unerträglich wurde. Türen und Fenster standen stets allesamt offen. Schon morgens zog ich die Stahlschotten vor alle Fenster, damit nicht zu viel Wärme ins Boot drang. Meine Kater und ich lagen irgendwo herum, am liebsten auf dem kühlen Holzfußboden. Einmal wollte es am Abend gar nicht abkühlen. Kein Lüftchen wehte. An Schlafen war in einer solchen Nacht im Bett nicht zu denken. Was dann? Durchmachen? Dazu fühlte ich mich nicht fit genug. Es war so schön draußen, dass ich ohnehin nicht reingehen mochte. Also schnappte ich mir ein Laken und eine Isomatte, klemmte mir mein Kissen unter den Arm und stieg aufs Dach der Lotte. Hier bereitete ich mir ein Lager und legte mich hin, wartete auf den Schlaf. Doch der mochte nicht kommen, denn über mir leuchteten die Sterne. Irgendwo sang die Nachtigall, gelegentlich blubberte ein Binnenschiff vorbei. Der Himmel war unglaublich nah, die Unendlichkeit des Raumes wurde mir bewusst. Ich trieb durch die stille Sommernacht, blieb wach bis zum Morgen. Doch das Funkeln der Sterne, das langsame Verstreichen der Zeit, die heraufziehende Dämmerung, sie waren jede ungeschlafene Minute wert.

Tagsüber bewegte ich mich während dieser Hitzewelle langsamer, trank literweise Wasser und freute mich über ein kleines Lüftchen. Zur Abkühlung schlappte ich in Badelatschen und Badeanzug zum Hohendeicher See, gleich gegenüber meinem Hafen. Die Hamburger kennen ihn nur als Oortkatensee. Er ist 19 Meter tief und auch im Sommer immer kühl, die Wasserqualität bestens. Entstanden ist er Ende der Sechzigerjahre, als die Stadt damit begann, die Deiche zu erhöhen. Zu dieser Zeit waren der See und die Elbe noch miteinander verbunden, dann aber wurde ein neuer Deich aufgeschüttet und der See vom Fluss getrennt. Für viele Hamburger ist er seitdem ein beliebtes Ausflugsziel. An heißen Tagen stehen überall die Autos an der Straße, Strand und Wiese sind bunt vor Menschen. Mir war das zu betriebsam. So schwamm ich immer nur ein paar Runden und flüchtete mich anschließend wieder in die Ruhe meiner Lotte.

Auch dieser dritte Sommer war ein einziges Glück, vielleicht noch mehr als die vorherigen, denn ich erlebte alles noch bewusster. Ich fühlte mich leicht und frei, konnte mir keinen schöneren Ort vorstellen als die Lotte. Wenn ich auf dem Vorschiff saß und über die Elbe schaute, war ich ganz bei mir, ruhte regelrecht in mir. Wenn ich auf der Lotte war, war ich im Hier und Jetzt. Ich nahm mit fast schmerzhafter Klarheit alles wahr, was sich um mich herum abspielte: das Wasser, mal grau, mal glitzernd blau, den Wind, die Sonne, die Schiffe und die Wasservögel. Ich hörte die vielen, inzwischen vertrauten und lieb gewordenen Geräusche. Ich war heiter und zuversichtlich. Und ich gab der Liebe Raum. Im Laufe der Jahre hatte ich immer mal wieder nach einem Partner gesucht, denn dauerhaft allein leben wollte ich nicht. Jetzt bemühte ich das Internet, eine Plattform nur für Norddeutschland. Die meisten Herren, die dort nach einer Partnerin suchten, fand ich uninteressant. Doch dann stieß ich auf das Profil eines etwa gleichaltrigen Mannes: Johan. Dem Foto nach zu urteilen, sah er gut aus und mir gefiel der Humor, der aus dem sprach, was er über sich schrieb. Ich kontaktierte ihn und schon bald flogen die Mails zwischen uns hin und her. Dann telefonierten wir ein erstes Mal. Wir plauderten eine geschlagene Stunde und verabredeten uns zu einem ersten Treffen – bei einem Italiener ganz in meiner Nähe. Ich war furchtbar aufgeregt, rief mir ins Gedächtnis, wie oft ich schon Pech gehabt hatte, wenn ich einen neuen Mann kennengelernt hatte. Aber vielleicht würde es ja dieses

Mal klappen, sagte ich mir, als ich losfuhr. Und da sah ich ihn auch schon.

Wir waren beide sichtlich nervös und befangen, setzten uns an einen Tisch, bestellten unser Essen, tranken Wein. Nach und nach verflog die Anspannung und wir unterhielten uns, als würden wir uns schon lange kennen.

»Magst du auch so gern italienisches Essen?«, wollte ich wissen und wickelte meine Nudeln mit der Gabel auf.

»Und wie, ich koche auch total gern. Gutes Essen macht glücklich.«

»Aber es setzt bei dir nicht an, du bist ganz schlank«, lachte ich.

»Ich bin viel an der frischen Luft, gehe oft spazieren, ich mag die Natur.«

»Ich auch, ich bin ja sowieso viel draußen. Auf meinem Hausboot bin ich immer mitten drin in der Natur.«

»Klasse, dass du einfach deinen Traum wahrgemacht hast.«

Wir entspannten uns beide, Sympathie war auf jeden Fall da.

Johan sah noch besser aus als auf dem Foto im Internet, er trug sein blondes Haar lang – lange Haare hatte ich bei Männern immer schon gemocht. Mir gefiel seine Stimme, sein Lachen.

»Ich habe eine Tochter, Clara, aber sie ist schon fast erwachsen.«

»Was ist mit der Mutter, habt ihr euch getrennt?«

»Sozusagen, sie ist eines Tages einfach verschwunden, beim Windelnkaufen, und nie wieder zurückgekommen.«

Ich war entsetzt. »Hast du sie nie wiedergesehen?«

»Doch, schon, sie rief nach ein paar Tagen an und sagte, dass sie keine Lust auf mich und die Erziehung eines Kleinkindes hätte. Ab da war ich alleinerziehender Vater.«

»Unfassbar, wie kann man so was tun? Hat Clara denn noch Kontakt zu ihr?«

»Ich habe immer wieder versucht, den Kontakt zu ermöglichen, aber Claras Mutter wollte nicht. Inzwischen lebt sie in Süddeutschland, mehr weiß ich nicht.«

Ein bemerkenswerter Lebenslauf, fand ich, der für einen starken Charakter sprach. »Wie hast du das denn gemacht, so mit Kind und Beruf?«

»Ach, das ging ganz gut. Ich fand, der Staat könnte für meine Erziehungsleistung aufkommen. Ich hab nicht mehr gearbeitet und mich nur noch um Clara gekümmert.«

Hm, das fand ich seltsam. In meinem Leben hatte immer der Beruf an erster Stelle gestanden. Aber natürlich gab es auch andere Lebensentwürfe, zumal mit einem Kind, sagte ich mir.

Wir ließen den Abend bei einem Spaziergang ausklingen und ich fuhr nachdenklich heim. Könnte Johan ein Mann für mich sein? Er lebte so ganz anders, im Mittelpunkt seines Lebens stand seine Tochter. Im Mittelpunkt meines Lebens der Beruf. Würde das gut gehen?

Wir sahen uns wieder und mochten uns. Deswegen warf ich meine Zweifel über Bord. Wir gingen essen, besuchten uns gegenseitig, unternahmen etwas …

»Wollen wir ein Picknick machen?«, schlug Johan eines Tages vor. »Ich kenne einen wunderschönen Platz dafür.« Also fuhr ich zu ihm und ließ mich überraschen. Obwohl wir nur zu zweit waren, lud er sein Auto voll, als wollten wir gemeinsam eine Reise antreten. Wir fuhren zu einem kleinen Flüsschen in der Nähe, wo er auf einer wasserdichten Picknickdecke seine zahllosen Taschen und Rucksäcke und lauter kleine Gefäße mit selbst gekochten Köstlichkeiten ausbreitete. Er hatte wirklich an alles gedacht, ob es das schöne Silberbesteck oder die Porzellanteller waren, die feinen Leinenservietten oder der gekühlte Weißwein. Ich war verzaubert.

Ein anderes Mal lud Johan mich zum Essen und anschließend ins Kino ein. Wir saßen in einem schönen Restaurant und aßen wunderbare Kleinigkeiten. Bei mir kribbelte es schon ziemlich, doch er machte keine Anstalten, sich mir zu nähern. Nach dem Essen fuhr er mich nach Hause. Er kurvte mit dreißig Stundenkilometern durch die Stadt, um mehr Zeit mit mir zu verbringen. Das fand ich charmant und liebenswert.

Irgendwann kamen wir uns doch näher und ich schrieb Maria: »Auch wenn ich vorsichtig geworden bin, ich glaube, er ist es!«

Sie freute sich: »Bring ihn doch mit, wenn du das nächste Mal zu uns kommst.«

Fortan schien Johan es als seine Aufgabe anzusehen, mich zu verwöhnen. So etwas war ich nicht mehr gewohnt und genoss es in vollen Zügen. Auch seine Tochter Clara war eine bezaubernde junge Frau, die ich schnell ins Herz schloss. Als wir uns zum ersten Mal trafen, kamen die beiden zu mir. Ich war kolossal nervös, mein Herz raste und meine Hände waren feucht. Ich fragte mich, ob Clara die neue Frau im Leben ihres Vaters akzeptieren würde. Schließlich hatte sie ihn bisher immer ganz für sich gehabt. Doch Clara nahm mir schnell alle Sorgen. Nachdem sie sich ein wenig umgeschaut hatte, benahm sie sich an Bord rasch so, als sei sie nicht das erste Mal da. Sie fand das Ganze »cool!« und hatte keine Scheu, die Räume zu betreten, spielte sofort mit den Katern und nahm sich ein Glas Wasser. Meine Anspannung verflog, ich freute mich, diese sympathische junge Frau kennenlernen zu dürfen. Wir verbrachten einen harmonischen Nachmittag auf der Lotte-Terrasse mit Kaffee und Kuchen, den sie extra aus ihrer Lieblingskonditorei geholt hatten.

Eines Abends legte Clara den Kopf an meine Schulter, als wir auf dem Sofa saßen, und ich wusste: Ich hatte sie gewonnen. Von da an verbrachten wir sehr viel Zeit miteinander. Ich hatte ganz plötzlich eine kleine Familie und genoss es über die Maßen.

Die beiden lehrten mich, einfach mal faul zu sein. Das hatte ich noch nie wirklich gekonnt, aber mit ihnen ging es ganz wunderbar. Einmal war es so heiß am Wochenende, dass niemand von uns Lust hatte, irgendwas zu unternehmen. Stattdessen bliesen wir eine Luftmatratze auf und gingen im See schwimmen, planschten lachend herum. Anschließend aßen wir kalte Melone, lagen auf dem kühlen Holzfußboden herum und plauderten träge.

Ein anderes Mal machten wir einen Ausflug in die Innenstadt, bummelten durch die Geschäfte und gingen essen. Johan lud uns ein, wir genossen es, einfach dazusitzen und die Menschen in der Stadt zu beobachten.

Ja, ich wollte mit diesem Mann und seiner Tochter zusammenbleiben.

Doch nach ein paar Monaten änderte sich etwas. Johan stellte immer höhere Ansprüche an mich. Er wollte eigentlich unentwegt Zeit mit mir verbringen. Verstand nicht, dass ich nach oft sehr langen Arbeitstagen einfach nur auf meinem Sofa liegen und lesen wollte. Wie sollte er das auch begreifen, er hatte in seinem Leben noch nie wirklich gearbeitet. Diese Haltung konnte ich nicht nachvollziehen. Immerhin war Clara nun erwachsen, würde im nächsten Jahr zum Studium die Stadt verlassen. Warum also suchte er sich keinen neuen Job? In seinem Alter ohne Berufserfahrung wäre er zu schlecht bezahlt, da würde er lieber vom Staat leben, das sei bequemer, bekam ich zur Antwort. Ich wunderte mich, woher er das viele Geld hatte, mit dem er uns immer zum Essengehen einlud. Ich selbst konnte mir solchen Luxus kaum leisten. Erst vor Kurzem hatte er sich ein kleines Motorrad gekauft, dazu die passende Ledermontur, einen Helm ... Wie ging das nur?

Alex meinte: »Das kann nicht der richtige Mann für dich sein, einer, der faul ist und bequem. Du bist ganz anders, das wird irgendwann knallen.«

»Aber er tut mir so gut, ich kann es brauchen, dass ein Mann mich liebevoll behandelt.«

»Das verstehe ich ja, aber ich glaube, irgendwann wird es schiefgehen.«

Alex und ich hatten seit langer Zeit eine Abmachung: Wir wollten immer ehrlich zueinander sein und uns zum Beispiel unsere Zweifel und Bedenken sagen, wenn eine von uns einen neuen Partner hatte. Die Frischverliebte aber hatte selbstverständlich das Recht, nicht auf die Einwände der Freundin zu hören. Dann sollte kein böses Blut zwischen uns herrschen. So war es auch diesmal: Alex wusste irgendwann, dass sie Johan niemals kennenlernen würde. Und dass sie – leider – recht behalten sollte mit ihren Zweifeln.

Eines Tages telefonierten Johan und ich, das Gespräch eskalierte, weil er wieder einmal darauf bestand, mich jeden Tag zu sehen, ich es aber neben meiner vielen Arbeit nicht schaffte.

Er brüllte: »Ich komme gleich vorbei, dann wirst du schon sehen, wie das mit uns beiden geht.«

Ich schrie zurück: »Lass mich bloß in Ruhe, du hast ja keine Ahnung, wie kaputt ich manchmal bin! Ich hab einen anstrengenden Beruf, den ich übrigens sehr mag. Und den ich gut machen will. Dafür brauche ich Zeit. Und ich brauche Zeit, mich zu erholen!«

»Ich will dich sehen, sofort, und wenn du mich nicht reinlässt, breche ich die Tür auf! Du entkommst mir nicht, warte nur, was ich mit dir anstellen werde!«

Ich bekam Angst und lief schnell zum Hafenmeister, erklärte ihm die Situation.

»Der hat Hausverbot hier«, war seine klare Ansage. »Ich kenne ja sein Auto. Wenn der hier aufkreuzt, werde ich ihm schon sagen, dass er im Hafen nichts mehr zu suchen hat!«

Das beruhigte mich ein wenig. Ich schickte Johan eine SMS, er könne die Sachen, die ich noch von ihm an Bord hatte, oben im Hafen abholen und mir den Schlüssel für die Lotte beim Hafenmeister hinterlegen.

»Den Schlüssel habe ich weggeworfen!« Das war das Letzte, was ich von Johan jemals hörte.

Ich war traurig und wütend. Hatte ich mich denn so in Johann getäuscht? Er hatte immer wie ein ausgeglichener, freundlicher Mensch auf mich gewirkt. Nun machte er mir sogar Angst. Ein paar Tage lang war ich bedrückt. Doch ich berappelte mich schnell. Eigenartig, dachte ich, dass ich gar keinen Riesen-Liebeskummer habe, immerhin hatte ich geglaubt, mit Johann zusammen leben zu können. Vielleicht hatten mich die Erfahrungen der letzten Jahre und mein Ehe-Aus müde und resigniert zurückgelassen. In meinem Logbuch stand: »Mal wieder eine Hoffnung geplatzt.«

»Ich glaube, es gibt keinen passenden Mann für mich«, erzählte ich danach traurig meinen Freunden. Ich war frustriert und enttäuscht. Vielleicht lebte ich schon zu lange allein. Oder ich hatte einen falschen Blick auf die Männer. Jedenfalls tauchte weit und breit kein Mann auf, der länger bleiben durfte. Irgendwann kam ich zu dem Schluss: »Dann eben nicht. Mein Leben ist auch ohne Mann ein ausgefülltes Leben.« Vielleicht würde mir ja noch mal jemand vor die Füße purzeln, ungeplant, aus heiterem Himmel. Aber ich sah tatsächlich immer weniger einen Platz für einen Mann in meinem Leben. Immerhin hatte ich nicht nur einen Beruf, der mich – auch zeitlich – sehr ausfüllte, sondern zudem ein Hobby, das Tanzen, das meine Wochenenden belegte. Und einige wirklich gute Freunde, sodass mir nie langweilig wurde. Außerdem gab es eine gewaltige Einschränkung: »Ein neuer Mann an meiner Seite muss unbedingt Swing tanzen können«, sagte ich zu meiner Freundin Edith.

Die wollte daraufhin vom Sofa fallen vor lauter Lachen. »Weißt du noch«, erinnerte sie mich, »als wir uns damals kennengelernt haben? Beide Singles. Und ich zu dir gesagt habe, dass der Mann, mit dem ich leben will, unbedingt tanzen können muss?«, prustete sie. »Du hast gesagt, dass es für dich nichts Unwichtigeres gebe!«

Sie hatte recht, so können sich die Dinge ändern. Es stimmte, wenn ich glücklich scheinende Paare eng umschlungen sah, wurde ich manchmal traurig. Dann wünschte ich mir auch jemand an meiner Seite. Doch wenn gelegentlich mal wieder eine Freundin anrief und sich über Streit mit ihrem Partner ausweinte, dachte ich: So schlecht ist das gar nicht ohne Partner, ohne Streit und mit der Freiheit, alles tun und lassen zu können, wie und wann ich will.

Mein Hafenmeister meinte hingegen immer wieder: »Du brauchst 'nen Mann, 'nen richtigen Kerl, der auch handwerklich was draufhat!« Er dachte wohl, ich könnte mit all den Anforderungen des Bootslebens nicht allein klarkommen, obwohl er es nach den ersten beiden Jahren besser hätte wissen müssen. Wenn ich mich im Herbst und Winter mit den schweren Gasflaschen abeselte, standen tatsächlich einige der Männer, die er wohl für tauglich hielt, feixend im Hafen: »Na, ganz schön schwer für 'ne Frau, was?« Geholfen hat mir nie jemand von ihnen – nein, solche Männer brauchte ich wirklich nicht.

Als mein Exmann mich eines Tages anrief und um eine Verabredung auf der Lotte bat, sagte ich zu. Er wolle doch mal sehen, wo »sein« Geld geblieben sei. Ich schmunzelte und dachte: Na, der wird schon sehen, wie ich mich verändert habe. Als er kam, zeigte ich ihm zunächst die hinteren Räume: Schlaf- und Badezimmer, Gästezimmer und Küche. Er reagierte kaum. Als er jedoch den großen Wohnraum betrat, entfuhr ihm ein »Oh!«. Als er ging, dachte ich, dass wir einmal gemeinsam den Traum vom Hausboot gehabt hatten. Ich aber hatte ihn mir erfüllt, ganz allein und ohne ihn. Es war mein Traum!

Als er fort war, es war noch nicht einmal so spät, machte sich in mir die große Freude breit, hierbleiben zu dürfen. Hier an meinem Steg, hier auf meiner Lotte. Und ich wusste, unsere Trennung war der richtige Schritt gewesen. So war ich frei geworden, ein neues Leben, mein Leben auf der Lotte, zu beginnen.

## KAPITEL 21

# Eingeschränkt WG-tauglich

Eines Sonntagmorgens im Herbst, früh um halb acht, klingelte mein Telefon, Tati war dran: »Kannst du kurzfristig die Moderation für den Ernteumzug übernehmen? Es ist jemand ausgefallen.« Na klar konnte ich! Früher wäre mir der Schweiß ausgebrochen, meine Stimme hätte versagt schon bei der Vorstellung, vor Hunderten von Menschen zu sprechen. Der Ernteumzug ist *das* Event in den Vier- und Marschlanden, kaum ein Vierländer lässt sich das entgehen, es kommen aber auch Gäste aus anderen Teilen der Stadt. Sämtliche Vereine und Organisationen der Region schmücken schon Wochen vorher ihre großen Wagen, am Tag des Umzugs werden die Pferde gestriegelt, die historische Gespanne ziehen – ein wunderbares Fest, das ich, seit ich hier lebte, nie verpasste. »Komm einfach eine Stunde vor Beginn des Umzugs an den Startpunkt«, erklärte mir Tati. »Da bekommst du alle Infos, die du brauchst für deine Moderation.« Der Tag war spätsommerlich warm und sonnig, es waren viele Besucher zu erwarten. Ich war rechtzeitig am Platz und fand dort eine Mikroanlage, einen großen Tisch und eine Bank davor, von der aus ich bequem sitzend das Geschehen sehen und moderieren konnte. Man drückte mir einen Zettel in die Hand mit ausgesprochen trockenen Informationen über die einzelnen Vereine und ich erinnerte mich an das letzte Jahr, als genau diese langweiligen Stichpunkte mit monotoner Stimme verlesen worden waren. So wollte ich es nicht machen.

Bald füllte sich die Straße mit Zuschauern. Am Rand wurden kleine Tische und Stühle aufgebaut, Picknickkörbe ausgepackt.

Als der Zug begann, war die Straße schwarz von Menschen. Ich stieg mit dem Mikro in der Hand auf den Tisch, um die Wagen rechtzeitig zu sehen und um selbst gesehen zu werden. Denn es waren so viele Menschen da, dass ich von meinem Sitzplatz aus niemals alles gesehen hätte.

»Herzlich willkommen zu unserem diesjährigen Ernteumzug, liebe Vierländer und liebe Zugereiste«, begrüßte ich die Zuschauer. »Wir haben in diesem Jahr einen Zug mit 73 Wagen, so groß wie nie. Schaut mal den alten Trecker von 1953 an, ist der nicht schön?«, rief ich und Applaus ertönte. »Und da kommen die Kinder vom Sportverein Vierlande, die können sicher noch ein paar neue Mitglieder brauchen!« Ich wies darauf hin, welche Wagen besonders schön und aufwändig geschmückt waren, scherzte und animierte die Zuschauer zum Applaus. Ich hatte so viel Spaß! Noch ein paar Jahre vorher hätte ich es weder gewagt noch gekonnt, mich einfach unvorbereitet in eine so große Menschenmenge zu stellen, um den wichtigsten Umzug des Stadtteils zu moderieren. Nun aber stand ich mit aller Selbstverständlichkeit da, juxte herum und bekam viel Gelächter und die Freude der Umstehenden und Teilnehmer zu spüren. Plötzlich war der Zug vorbei. Man hatte mir erklärt, meine Moderation würde ungefähr drei Stunden dauern. Mein Gefühl sagte mir, dass ich gerade einmal eine Stunde im Einsatz gewesen war. Der Blick auf die Uhr sagte etwas anderes: Ich hatte tatsächlich drei Stunden pausenlos gesabbelt. Noch Tage später sprachen mich die Menschen auf der Straße an –sie hätten lange nicht mehr so viel Spaß am Ernteumzug gehabt. Ob ich das im nächsten Jahr nicht wieder machen wolle. Das stand außer Frage, ich hatte offensichtlich eine neue Aufgabe in meinem neuen Heimatstadtteil gefunden.

Doch der Herbstumzug mahnte auch, dass der nächste Winter vor mir stand. Noch waren die Tage lang und golden, aber es lag schon eine Kühle in der Luft. Wie sollte es nur in diesem Winter auf der Lotte werden, fragte ich mich. Angesichts der Anstrengungen und meiner inzwischen sehr gut laufenden Selbstständigkeit, die mich forderte, fühlte ich mich nicht in der Lage, einen weiteren Winter auf dem Schiff auszuhalten.

»Wer kann mir helfen – ich suche ein Zimmer, eine kleine Wohnung für ein paar Monate, hier in den Vierlanden«, postete ich in einer Gruppe der Vier- und Marschlande auf Facebook. Ich konnte mir keinen dritten Winter auf der Lotte vorstellen. Ich war mürbe. Eine Auszeit an Land schien mir das Beste, um dem Energieproblem der kalten Monate zu entgehen. Ein kleines Zimmer in den Vierlanden, eine winzige Wohnung, das konnte doch nicht viel kosten. Aber ich irrte mich, auch hier sind inzwischen die städtischen Mietpreise angekommen. Ich suchte und suchte. Bei Facebook versuchten wildfremde Menschen mir zu helfen. Ich war überwältigt. Immer wieder nannte man mir Adressen und gab mir Tipps. Aber die meisten Angebote waren zu teuer, viele Vermieter wollten keine Katzen. Endlich, im Dezember, fand ich eine Monteurwohnung und zog ein. Doch die Wohnung war schrecklich, ungemütlich und trist. Alles war lieblos hingeknallt, sodass sich trotz einiger Kerzen und meiner Kater keine Gemütlichkeit einstellen wollte. Ja, ich hatte warmes Wasser in unbegrenzter Menge, die Heizung brauchte ich nur aufzudrehen, ohne dafür auch nur eine einzige Gasflasche zu schleppen. Aber Emma, Peikko und ich fühlten uns nicht wohl. Peikko vermisste seinen Auslauf. Da die Wohnung im ersten Stock lag, kam er nicht nach draußen. Und ich spürte, wie durch die trostlose Umgebung eine depressive Stimmung in mir aufzog. Aus den Fenstern blickte ich in einen vermüllten Innenhof. Ich hatte angekündigt, drei Monate dort zu bleiben, doch die erschienen mir unendlich lang. Ich gab mir alle Mühe, den Blick auf die Annehmlichkeiten zu richten. Aber wenn ich abends auf einem der Betten saß (ein Sofa gab es nicht), wurde ich immer missmutiger. Freunde mochte ich mir nicht einladen, dazu war es zu unbehaglich. Ich saß einfach nur da und wartete, dass die Tage vergingen, dass endlich Frühling werden würde.

Ende Januar besuchten mit Tati und Stefan in meiner Misere. Sie schauten sich um, erfuhren den nicht eben niedrigen Mietpreis, packten mich in ihr Auto und fuhren mit mir in die Cocktailbar des Zollenspieker Fährhauses. »Trink noch einen Cocktail«, meinten sie immer wieder. Ich genoss es, dass ich einmal nicht selbst fahren musste.

Als ich beschwingt und leichtsinnig wurde, schlugen sie mir vor: »Zieh doch zu uns, wir haben Platz genug und vorstellen können wir uns das auch mit dir, das wird bestimmt lustig.«

Ich machte große Augen. »Aber ihr habt mit euren beiden Jobs, den Kindern und dem Umbau schon genug zu tun. Wollt ihr da noch jemand, der euch auf die Nerven fällt?«

»Du fällst uns nicht auf die Nerven, wir werden uns bestimmt gut verstehen!«, waren sie sich einig.

»Ich weiß nicht, ob ich für eine WG tauge, ich lebe doch schon so lange allein.«

»Ach was, wir raufen uns zusammen, mach dir keine Sorgen!«

Ich blickte in ihre strahlenden Gesichter, die zu sagen schienen: »Los, gib dir einen Ruck!« Und dann gab ich mir einen Ruck. »Also gut, ich komme zu euch!«

So zog ich mit Sack und Pack und meinen Katern bei den Timmanns ein. Sie nahmen mir rasch alle Bedenken, völlig unkompliziert banden sie mich in ihren Tagesablauf ein. Plötzlich hatte ich eine große Familie. Tati und Stefan versicherten mir immer wieder: »Es ist so schön, dass du da bist!«

»Ihr macht es mir aber auch leicht, ich muss ja gar nichts tun, wenn ich hier bin!«

»Du tust schon genug«, sagte Tati und drückte mir Mathilda in den Arm. »Fütterst du sie bitte mal? Und kannst du nach dem Abendessen den anderen beiden bitte vorlesen?«

Ich entspannte mich. Tati kochte jeden Mittag frisch für sich und die Kinder, wenn ich abends heimkam, sagt sie nur: »Dein Essen steht im Kühlschrank.«

Ich fühlte mich verwöhnt und geborgen. Revanchierte mich damit, dass ich regelmäßig Gemüse beim Bauern einkaufte, am Wochenende kochte und abends auf die Kinder aufpasste, wenn die Eltern etwas unternehmen wollten.

Meine Kater waren nur zum Teil begeistert. Der gutmütige Herr Emma gewöhnte sich schnell an, im Wohnzimmer auf einem großen Sessel zu schlafen. Peikko aber hatte Angst vor den Kindern. Sie bewegten sich zu schnell und waren ihm zu laut. Meist saß er oben in dem Zimmer, das ich bewohnte, unzufrieden und unleidlich. Auch hier durfte er nicht nach draußen, denn in Hausnähe gab es eine stark befahrene, gefährliche Straße. Peikko ließ sich nicht mehr streicheln, verprügelte Emma und mich, kratzte die Tapeten herunter und störte meine Nachtruhe.

Auch mein Single-Tagesablauf wurde ordentlich durchgerüttelt. Morgens standen wir alle gemeinsam auf und frühstückten zusammen. Stefan bereitete schon abends die Müsliportionen für jedes Familienmitglied vor, damit es morgens schnell ging. Bereits am zweiten Tag hatte ich meine eigene Müslischale, die auf mich wartete, wenn ich zum Frühstück kam. Am Wochenende holten die größeren beiden Kinder Brötchen und selbstverständlich wurde auch eines für mich mitgebracht. Ich war gerührt. Für meinen eigenen Rhythmus aber war hier kein Platz. Zwar war ich wahrlich keine Langschläferin, aber die gemächlichen freien Wochenenden mit Kaffee und Radio im Bett, Lesen auf dem Sofa und Besuchen meiner Freunde waren etwas ganz anderes als die Wochenenden im Timmannschen Haus. Morgens gegen sieben wurde ich von den fröhlich herumtollenden Kindern wach. Die Tage waren genau durchgetaktet und endeten mit einem gemeinsamen Abendbrot in der winzigen Küche und dem Ins-Bett-Bringen der Kinder. Stefan und Tati versuchten danach immer noch, ein wenig für das Haus Anna Elbe zu planen. Ich war manchmal schon ganz erschöpft, wenn ich mir ihre übervollen Tage nur anschaute.

Ich sehnte mich nach meinem Zuhause, auch wenn die Timmanns es mir wirklich schön machten. Aber Arbeit, Dunkelheit und die ungewohnten Lebensumstände erschöpften mich. Gleichzeitig empfand ich mich als undankbar, weil ich von den Timmanns mit so offenen Armen aufgenommen wurde.

Hin und wieder sah ich auf der Lotte nach dem Rechten. Sie war ungeheizt und ungemütlich. Sah abweisend aus, unfreundlich, schmuddelig und unbewohnt, wie damals, als ich sie das erste Mal besichtigt hatte. Es gab mir einen Stich ins Herz, wenn ich an Bord stand, aufs Wasser schaute und wusste, dass es noch eine Weile dauern würde, bis ich zurückkäme.

## KAPITEL 22

# Es muss sich etwas ändern

Ende Februar streckte das Frühjahr einen warmen Tentakel aus, plötzlich zeigte das Thermometer 16 Grad. »Ihr Lieben, ich ziehe zurück auf die Lotte«, verkündete ich meiner neuen Familie. Und so packte ich meine Siebensachen, nahm die Kater und ging wieder auf mein Schiff. Es war ein Abschied mit einer Träne im Knopfloch. In der kurzen Zeit, diesem einen gemeinsamen Monat, war eine Nähe zu der gesamten Familie entstanden, die ich vermissen würde. Auf der anderen Seite hatte ich mich unendlich nach meinem eigenen Zuhause gesehnt. Nur zwei Monate war ich weg gewesen, aber es fühlte sich an, als käme ich nach einer langen Reise nach Hause. Als Erstes brachte ich meine Kater an Bord, Peikko würdigte mich keines Blickes, entschwand durch die Katzenklappe und kam erst am späten Abend zurück, müde und zufrieden. Zum ersten Mal seit Monaten ließ er sich auf meinem Schoß nieder und wollte gestreichelt werden. Irgendwann hatte ich auch die letzten Dinge wieder eingeräumt, sank glücklich seufzend auf mein eigenes Sofa. Es war ein Experiment gewesen, den Winter an

Land zu verbringen. Ein Experiment, das mich nicht recht überzeugt hatte.

Nun war ich wieder an Bord, aber der Winter war noch lange nicht vorbei. Das Schiff war völlig durchgekühlt, es brauchte ewig, bis es wieder warm wurde. Ich überlegte, ob ich mich gleich in die kalte Elbe stürzen oder lieber wieder dauerhaft an Land wohnen sollte. Ich dachte darüber nach, die Lotte im nächsten Sommer zu verkaufen, mir eine Mietwohnung zu suchen und dieses Kapitel meines Lebens hinter mir zu lassen. Ja, ich hatte mir einen Traum erfüllt, doch der sollte sich nicht in einen dauerhaften Alptraum verwandeln.

Doch wenige Tage später war es Zeit für den ersten Freiluftkaffee des Jahres. Noch ein bisschen bibbernd und frierend stand ich auf der Terrasse. Da war er wieder, der geliebte weite Elbblick. Da war es wieder, das sanfte Schaukeln. Ich nahm die Hafengeräusche und das Licht auf der Lotte wahr. Und spürte: Die Lotte war viel mehr meine Heimat geworden, als ich es bis dahin gedacht hatte. Es gab keinen anderen Ort, an dem ich leben wollte. Die Entscheidung, auf ein Schiff zu ziehen, sie war richtig gewesen. Ja, ich hatte einen hohen Preis zu zahlen. Nicht nur die Unannehmlichkeiten des Winters musste ich ertragen. Es war auch nicht eben billig, den Liegeplatz, den teuren Hafenstrom und das deutlich teurere Wasser zu bezahlen. So hatte ich mir jahrelang keinen einzigen Tag Urlaub leisten können. Doch der Preis war mir nicht zu hoch und der Gedanke ans Aufgeben schmerzte. Mit der warmen Jahreszeit vor Augen, mit meinem Herz, das angesichts der Elbe vor mir ebenso weit wurde wie der Blick auf den Fluss, sprudelten mir die Ideen in den Kopf. Meine Geschäfte als Trauerrednerin liefen inzwischen besser. Es war mittlerweile denkbar, einen Kredit aufzunehmen, um in eine neue Energie- und Wasserversorgung zu investieren. Dieses Mal wollte ich die Schwierigkeiten nicht ganz ausblenden, sondern den Schwung des Sommers nutzen, um die Lotte winterfest zu machen.

Der nächste Sommer war eine Zeit der Umbrüche. Ich wusste nun, dass ich so lange auf der Lotte leben wollte, bis ich zu alt und zu gebrechlich wäre. Jetzt aber galt es erst einmal, einen Plan zu schmieden, wie das winterliche Leben auf dem Schiff besser werden konnte. Schon als ich eingezogen war, hatte ich mir gewünscht, mein Hausboot energieautark zu machen. Mir erschien diese Idee nur logisch, lebte ich doch inmitten der Natur. Vielleicht könnte ich, so dachte ich, Wind, Sonne und Wasser für meine Lotte nutzen. Aber wie? Lange und zunächst erfolglos suchte ich nach einer Firma, die mir ein energetisches Gesamtkonzept für mein Schiff erstellen könnte. Manche Firmen sind darauf spezialisiert. Aber sie bieten, wie ich nach und nach herausfand, nur Lösungen für neue Schiffe an. Irgendwann fand ich im Internet eine Firma, die energieautarke Wohnwagen baute – nicht so weit entfernt vom Leben auf dem Wasser, dachte ich mir.

»Könnt ihr mir helfen? Ich brauche ein Energiekonzept für mein Hausboot«, schrieb ich die Firma Wohnwagon an.

»Selbstverständlich. Kannst du zu uns kommen?«, war die Antwort.

Die Firma saß in Wien – eine gute Gelegenheit also, Maria und Alfi zu besuchen.

»Ich komme Ende April, passt euch das?«, fragte ich bei der Firma an.

»Du bist uns willkommen, aber bring ganz viele Fotos und Pläne von deinem Schiff mit«, hieß es in der Antwortmail.

Neugierig fuhr ich mit dem Nachtzug nach Wien und traf am Morgen im Büro der Firma ein. Lauter junge Leute saßen in den pittoresken Räumen. Sie hatten sogar einen kleinen Innenhof, in dem sie verschiedene Möglichkeiten der Kompostierung erprobten und aus alten Paletten Kräuterstiegen gebaut hatten.

»Hier essen wir immer zusammen Mittag«, erzählte Max, der mich beraten würde. »Es kocht immer einer für alle anderen, das geht reihum.«

»Ihr habt ja sogar eine kleine Bühne«, staunte ich.

»Ja, manchmal geben wir Konzerte hier«, sagte Max.

Wir setzten uns in sein Büro.

»Was stellst du dir denn vor?«, wollte er wissen.

Ich erzählte von den Energieproblemen im Winter, von den schweren Gasflaschen, den Wassertanks in der Bilge.

»Da lässt sich bestimmt was Feines finden«, machte Max mir Hoffnung. »Wie wäre es denn, wenn du für die Wasserversorgung eine Pflanzenkläranlage aufs Dach baust?«

»Wie funktioniert die?«, wollte ich wissen.

»Du hast einen geschlossenen Wasserkreislauf. Das gebrauchte Wasser aus der Dusche und den Spülbecken wird in die Kläranlage gepumpt, die Pflanzen filtern das Wasser, dann wird es wieder als Brauchwasser eingespeist«, erklärte er. »Du brauchst dann im Winter nur noch ganz wenig Trinkwasser.«

Toll, genau so etwas hatte mir vorgeschwebt.

»Zum Heizen kann ich dir einen wassergeführten Pellet-kamin vorschlagen«, sagte Max. »Dann musst du nicht mehr die schweren Gasflaschen schleppen, Pellets im Sack wiegen nur 15 Kilogramm, das schaffst du auch bei Ebbe runter auf den Steg. Und warmes Wasser kriegst du so auch.«

Das klang großartig.

»Außerdem empfehle ich dir eine Komposttoilette. Das ist ein ganz modernes Ding, Flüssiges und Festes werden getrennt gesammelt, du kannst die Feststoffe kompostieren und das Flüssige in deiner Pflanzenkläranlage reinigen las-sen«, beschrieb er die Konstruktion. »Außerdem muss man nicht mit kostbarem Trinkwasser nachspülen.«

»Und das funktioniert?«, wollte ich wissen.

»Und wie«, versicherte mir Max, »die Dinger haben wir selbst auch in unseren Wohnwagen und sind total begeis-tert.«

Max versprach mir, ein ausführliches Konzept zu schrei-ben, das meinen finanziellen Möglichkeiten einigermaßen angepasst war.

Allzu große Sprünge konnte ich mir nicht erlauben. Aber so, wie es war, konnte es auf der Lotte schließlich nicht bleiben. Ich musste mich entscheiden, ob ich diesen kost-spieligen Umbau angehen wollte. Und mir, falls ja, überle-gen, wie ich das Ganze finanzieren sollte. Als Selbstständige verdiente ich nicht so viel, dass ich ihn komplett aus eige-ner Tasche hätte bezahlen können. Ich überlegte, die Um-bauten zunächst durch einen Kredit zu finanzieren und das Geld später über Crowdfunding wieder einzuholen, damit ich nicht ewig den Kredit abzahlen müsste und mir vielleicht eines Tages sogar mal wieder einen kleinen Urlaub würde leisten können. Als ich Tati und Stefan von meinen Plänen erzählte, meinten sie, um bekannter zu werden, müsse die Lotte unbedingt eine eigene Seite bei Facebook bekommen. Sie bauten sie mir und bald hatte ich eine Menge Follower. Das war ganz leicht gewesen. Leicht – und finanziell ebenfalls ohne Kredit zu schaffen – war auch der erste Schritt meines Umbaus: Ich bestellte die Komposttoilette. Klempner Meik, der mein Schiff ja schon kannte, rückte wieder begeistert an. Er besah sich das neue Klo, begutachtete die Gegebenheiten und kam ein paar Tage später wieder, um das Ganze einzubauen. Ich musste gerade los zu einigen Reden und Hausbesuchen, überließ ihm meine Lotte und als ich nachmittags wiederkam, war alles fertig. Da stand mein komplett wasserloses Klo, das ich fortan als große Errungenschaft empfand. Ein erster Schritt, um das Lotte-Leben leichter zu machen.

Der nächste Schritt war der Pelletkamin. Ich machte mich auf die Suche nach dem passenden Modell, konsultierte verschiedene Kaminbauer, die allesamt die Stirn runzelten. Zunächst hieß es, man müsse vom Kamin neben der Terrassentür bis zum Pufferspeicher ganz hinten in der Lotte sämtliche Böden und Wände aufreißen, um neue Leitungen zu verlegen – eine Riesensauerei, die mich viel Geld gekostet hätte. Das war keine Lösung. Schließlich entschied ich mich für einen Pelletkamin mit großem, eingebautem Tank für die Pellets, ohne Wasserführung. Das warme Wasser sollte weiterhin mit Gas erzeugt werden. Aber ohne die Heizung wäre das überschaubar, ich würde die Gasflaschen längst nicht mehr so oft wechseln müssen. Der Kamin war leistungsstark, konnte mühelos ein großes Einfamilienhaus heizen und sollte somit für die Lotte ebenfalls reichen. So würde ich künftig zweigleisig fahren: Warmwasser mit Gas erzeugen, Raumwärme mit Pellets. Gleichzeitig hätte ich für besonders eisige Winter die Möglichkeit, zusätzlich mit der Gasheizung nachzuhelfen. Auch wenn mal ein System ausfallen würde, könnte ich durch das andere genügend Wärme erzeugen. Mit dieser Lösung im Kopf ließ ich mich von zwei Kaminhändlern in der Nähe beraten. Schließlich fand ich einen Ofen, der einen großen Tank für Pellets hatte, und gab die Bestellung auf – mitten im Sommer. Dann hieß es erst einmal warten, denn der Kamin hatte eine lange Lieferzeit. Bis Oktober. Nur allzu gern hätte ich mir noch Solarpaneele auf das flache Dach der Lotte legen lassen, dazu ein Windrad, um auch meinen Strom selbst zu erzeugen. Aber das war finanziell nicht machbar. Trotzdem würden meine Winter etwas leichter werden. Ich war beflügelt, fast euphorisch. Verflogen waren die Zweifel, ob ich das winterliche Leben auf der Lotte schaffen würde. Wenn ich die Umbauten hinter mir hätte, ja, dann könnte ich hierbleiben. So lange ich wollte.

## KAPITEL 23

# Lotte Nummer zwei

Vielleicht war es meine gute Sommerlaune, die mich zu einem Schritt bewegte, der meine kleine Katzen-Mensch-WG noch einmal veränderte. Vielleicht auch einfach nur die Tatsache, dass Alex krank geworden war und mir für diesen Sonntagabend absagte, ich mich stattdessen auf mein Sofa kuschelte und im Internet surfte.

»Notfall«, las ich bei Facebook. »Die kleine Lotte sucht dringend ein neues Zuhause.« Angeboten wurde eine kleine, dreifarbige Katze.

Ich schrieb an die Vermittlerin: »Verträgt sich das Tier mit anderen Katzen? Und warum gebt ihr sie ab?«

»Meine Tochter hat sich von ihrem Freund getrennt, nun hat das Kätzchen keinen Auslauf mehr und ist ganz un-ausgeglichen. In ihrer neuen Wohnung hat meine Tochter keine Möglichkeit, Lotte rauszulassen.« Und: »Ja, wir haben sie aus einer nicht so guten Haltung, da waren auch andere Katzen.«

»Ich komme mal vorbei und gucke sie mir an«, schrieb ich und machte mich auf den Weg.

Die kleine Lotte war sehr niedlich. Neugierig lugte sie aus ihren orangefarbenen Augen, als ich mich ihr näherte, buckelte, damit ich sie streichelte, und begann sofort, lautstark zu schnurren. Ich fand sie total süß und dachte: Wenn zwei Platz haben auf der Lotte, dann passt auch noch eine dritte.

Und so kam Lotte an Bord der Lotte. Meine Kater waren nicht gerade erfreut. Die kleine Lotte schrie sie unentwegt an, war nervös und unleidlich. Nur streicheln ließ sie sich von mir sehr gern, wenngleich sie dabei anfangs fauchte. In der ersten Nacht war an Schlaf nicht zu denken. Peikko kam spätabends durch seine Katzenklappe hereingesaust und stoppte jäh, denn Lotte knurrte, fauchte und schrie ihn an. Beide buckelten, bedrohten sich. Die ganze Nacht hielt das Geschrei an.

Doch bald wurde es ruhiger und unsere Neue machte sich daran, ihre Umgebung zu erkunden. Klein-Lotte entdeckte, dass es sehr gemütlich war, bei mir unter der Bettdecke zu liegen. Doch Herr Emma wollte diesen Platz nicht an sie abtreten. Es gab allerhand Unruhe im Bett, Lotte verzog sich ins Wohnzimmer und Emma kroch wieder unter meine Decke an den angestammten Platz. Doch er fand die Kleine offensichtlich sehr anziehend. Ständig lief er ihr nach, schaute sie aus der Ferne sehnsuchtsvoll an, legte sich auf die Plätze, an denen sie zuvor gelegen hatte. Ich musste feststellen: Herr Emma hatte sich verliebt. Doch Lotte zierte sich. Zwar gab es zaghafte Annäherungen, einmal beschnupperten sich die beiden sogar, aber meist wurde Emma mit einem Fauchen abgewiesen. Auch Peikko fand Lotte schon nach kurzer Zeit toll, die beiden liebten es, miteinander herumzutollen und sich über das gesamte Schiff zu jagen. Mit Herrn Emma konnte Peikko das nicht machen, der hatte schlichtweg keine Lust auf solch ausufernde Aktivitäten.

Lotte lief an Bord immer hinter mir her, als sei sie mit einem Faden an mein Bein gebunden. Nach drei Wochen eroberte sie sich einen Platz auf meinem Schoß und vertrieb Emma und Peikko, wenn die beiden auch dorthin wollten. Wenn ich mich ihr näherte, rollte sie sich sofort auf den Rücken. Laut schnurrend wälzte sie sich dann und wollte gestreichelt werden. Doch sie war auch eine kleine Zicke: Wenn ich sie koste, biss sie mich und hieb ihre kleinen, scharfen Krallen in meine Hand.

So lebte ich nun mit meinen drei Tieren allein auf der Lotte. Manch einer meiner Freunde fand, das sei mehr als genug. Ich aber freute mich, dass ich allein entscheiden konnte, und dachte nur: Ich kann machen, was ich will. Und wenn ich drei Katzen haben will, dann habe ich eben drei! Einsam fühlte ich mich so nur selten. Die Katzen waren stets um mich, sie vermittelten mir Wärme. Auch meine Freunde – die alten aus vielen Jahrzehnten, die neuen aus den Vierlanden – kamen oft und gern. Daneben hatte ich auch durch das Tanzen neue Freunde gewonnen. Über Facebook war ich immer auf dem Laufenden, wann und wo unter freiem Himmel ein Tanzevent stattfand. Dann schickte ich meinen Tanzfreunden eine WhatsApp, wir verabredeten uns, jeder brachte etwas zu essen und zu trinken mit. Wir trafen uns in einem Park mitten in Hamburg oder am Hafenrand, wo wir mit Blick auf Hafenkräne und Elbschiffe bis in die Nacht hinein tanzten. Für mich gab es nichts Schöneres als den Tanz am Hafenrand, wenn die Nacht heraufzog und der Mond neben der neuen Elbphilharmonie aufging, die Lichter des Hafens blinkten und wir uns in der lauen Luft bewegten, manchmal aber auch nur plaudernd, trinkend, essend aufs Wasser schauten. Als Abschluss des Tanzsommers gab es jedes Jahr im September den »Hamburg Lindy Exchange«, den ich nun mitorganisierte. Tänzer aus allen möglichen Ländern kamen zu uns in die Stadt, wir luden zu abendlichen Partys, Tanzwettbewerben und Ausflügen ein. Auch mit den Gästen tanzten wir draußen im Museumshafen. Das Leben war schön. Ich hatte Freunde, ich lebte auf meinem Schiff, mein Beruf machte mir Freude, ich hatte meine drei Katzen und Umbaupläne für die Lotte – besser konnte es gar nicht mehr werden.

## KAPITEL 24

# Keine Angst mehr vor dem Winter

Ich habe in diesem Jahr gar keine Angst vor dem bevorstehenden Winter«, schrieb ich Maria Ende Oktober. »Wenn ich erst den Ofen habe, dann wird alles leichter. Auch das Kompostklo nimmt mir viele Sorgen. Nur die Pflanzenkläranlage muss ich aufs nächste Jahr verschieben.«

»Ich freue mich so für dich, ich hatte wirklich Sorge, dass du die Lotte verkaufst. Ich glaube, dann wärst du nicht mehr so glücklich gewesen«, schrieb Maria zurück. »Wann kommt denn der Ofen?«

»Wohl doch erst im November, die haben das Ding noch immer nicht geliefert!«

»Wie blöd, da musst du ja doch noch mal mit Gas heizen.«

»Mir wird nichts anderes übrig bleiben, aber es ist ja nur kurz«, schrieb ich noch hoffnungsvoll.

Doch der Einbau verzögerte sich immer wieder. Zuerst wurde der Ofen nicht geliefert, dann meldete sich angeblich der Ofenbauer nicht, anschließend gab es Schwierigkeiten mit dem Termin, an dem der Ofen eingebaut werden sollte ...

Von einer Woche wurde ich auf die nächste vertröstet. Es war bereits Mitte November. Und dann sollte es plötzlich ganz schnell gehen, am nächsten Freitag. Aber für den Tag, an dem der Ofenbauer kommen wollte, hatte ich eine Trauerfeier und diverse Hausbesuche im Kalender. Ich rief Alex und Petra von den Ackerperlen an, fragte, ob eine von ihnen für die relevante Zeit auf meinem Boot die Einbauarbeiten beaufsichtigen könne. Petra konnte, welch Erleichterung. Der Freitag kam, mit ihm der Ofenbauer und Petra. Ich sauste davon zu meiner Rede. Als ich heimkam, war bereits das schimmernde Edelstahlrohr an der Außenwand der Lotte angebracht, nun sollte der Kamin aufgestellt werden. Ich bedankte mich bei Petra und freute mich schon auf den Abend, an dem ich zum ersten Mal vor meinem Kamin sitzen würde – dachte ich. Doch dann stellte sich heraus, dass die Firma das falsche Rohr für den Ofenanschluss im Inneren geliefert hatte. So stand der Kamin nutzlos herum, ich musste meine Gasheizung aktivieren und wartete geschlagene zwei Wochen auf die Lieferung des richtigen Rohres.

Aber dann war es endlich so weit, gerade an dem Tag, an dem es eiskalt wurde und in Hamburg zum ersten Mal in diesem Winter schneite. Das Rohr war montiert, der Ofenbauer von dannen gezogen. Ich holte tief Luft und schaltete den Ofen an. Was soll ich sagen: Es war wunderbar.

Der Ofen war ein kleines Wunder der Technik: Er ließ sich programmieren wie eine ganz normale Heizung. Mit einem Raumfühler konnte er die Temperatur ermitteln, um nur dann zu heizen, wenn es nötig war. Per WLAN konnte ich sogar von unterwegs die Temperatur regeln. Nicht unwichtig, denn ich stand öfter mal irgendwo im Stau oder ein

Hausbesuch dauerte länger als geplant. In solchen Fällen würde ich in Zukunft dem Kamin von unterwegs einfach sagen, dass er die Temperatur noch nicht erhöhen sollte. Selbstständig würde er sich die Pellets aus dem Tank holen, den ich nur rechtzeitig nachfüllen musste – ein Traum! Und das pünktlich zu Weihnachten.

In der Nacht vor Heiligabend lag ich im Bett und lauschte dem Gluckern des Wassers. Es war typisches Weihnachtswetter: mild, regnerisch und stürmisch. Gegenüber ertönte immer wieder ein tiefer Glockenton: Das waren die Stege, die mit ihren metallenen Befestigungen an die riesigen Stahldalben schlugen und diesen sanften, warmen Ton erzeugten. Ich lag an Bord der Lotte im kuscheligen Bett und fühlte mich unfassbar wohl. Geräusche sind für mich ein wichtiger Teil meines Heimatgefühls. In früheren Wohnungen waren es die leisen Schritte der Nachbarn gewesen, das Rauschen des Wassers in den Leitungen. Hier nun war es der Wind, es war das vielfältige und so unterschiedliche Gluckern und Gurgeln des Wassers, das Knarren der Stege und das Schlagen der Dalben.

An Heiligabend saß ich morgens mit einem Kaffee im Bett und wickelte das liebevolle Päckchen meiner Herzensschwester Maria aus: Dieses Jahr schenkte sie mir eine zauberhafte Halskette. Dann waren meine Tiere dran: Peikko und Lotte bekamen neues Spielzeug, Emma eine Kratzpappe. Als ich dann an der Terrassentür stand, war ich rundum glücklich: Der Winter hatte seinen Schrecken verloren. Zum ersten Mal sah ich der kalten Jahreszeit gelassen entgegen. Es war ein Jahr voller Veränderungen gewesen, ich hatte eine Entscheidung gefällt und würde auf meiner geliebten

Lotte bleiben. Ein bisschen stolz war ich an diesem Weihnachtstag: Ich hatte aus eigener Kraft den Umbau geplant und alles in die Wege geleitet. Mein Traum war nicht verloren, ich lebte ihn weiter.

# Ich habe meinen Traum verwirklicht

Einen Traum verfolgen und ihn sich erfüllen – manch einer kann das nie, aus unterschiedlichen Gründen: Geld fehlt, Zeit fehlt, der richtige Partner fehlt ... Ich hatte die Möglichkeit, mir einen Lebenstraum zu erfüllen, und gehöre damit zu den Menschen, die großes Glück hatten, denn mehr ist es tatsächlich manchmal nicht. Gepaart mit einer Portion Mut.

Dann kommt die Realität. Tausendmal kann man sich ausgemalt haben, was wäre, wenn der große Traum endlich wahr würde. Die Realität sieht fast immer anders aus. Sie kann schöner sein, sie kann ernüchternd sein. Bei mir war sie beides. Ich möchte mein Schiffsleben nicht missen. Und doch verfluche ich es nicht selten.

Genau dieser Balanceakt bewirkt etwas: Er macht einen stark. Man kämpft, wenn die Realität einmal nicht so traumhaft ist. Man wächst mit den Anforderungen. Und das ist ein sehr gutes Gefühl. Ein verwirklichter Traum bringt einen immer voran, auch wenn es manchmal nicht den Anschein hat. Ich habe mich besser kennengelernt, neue Seiten an mir entdeckt, festgestellt, dass ich auch Schweres aushalte. Im Laufe der Jahre ist mein Schiff zu einer Arbeit auch an mir selbst geworden. Ich musste mich ständig neuen Herausforderungen stellen, von denen ich zuvor noch nichts geahnt hatte. Immer wieder geriet ich an meine Grenzen. Dabei habe ich gespürt, wie viel Kraft ich aufbringen kann, um meinen Traum nicht scheitern zu lassen.

Ich musste dafür sehr viel lernen, vieles davon tat weh, kostete Mühen, verlangte mir Entbehrungen ab, brachte große Sorgen mit sich. Und das, obwohl mein Beruf als selbstständige Trauerrednerin eigentlich anstrengend genug ist, jeder, der selbstständig arbeitet, weiß, was ich meine. Es ist ein ständiger Kampf um genug Aufträge, genügend Geld. Urlaub ist seit vielen Jahren ein Fremdwort, ich habe keinen. Brückentage, Wochenenden nur in Ausnahmefällen. Trotzdem bin ich geblieben, trotz all der Federn, die ich schon gelassen habe.

Manchmal werde ich gefragt: Ist dein Hausboot nach wie vor der Ort, an dem du leben willst? Die Antwort ist: Ja und nein.

Nein, wenn ich mir ein Leben in der Stadt vorstelle ohne Verantwortung für mein Schiff, ohne all die Mühen, die Pflege, den Erhalt. Nein, wenn der Winter kommt und sich die Sorge um genügend Wärme und Wasser wieder wie ein Berg vor mir auftürmt. Nein, wenn ich mich wieder mal allein fühle mit all den Entscheidungen, die es zu treffen gilt. Nein, wenn ich die Stromrechnung bezahlen muss ...

Und ja, ja, ja, wenn ich abends heimkomme, über den Steg laufe, das Glucksen des Wassers und das Knarren der Festmacherleinen höre. Ja, wenn ich die Lotte betrete und sehe, wie schön, gemütlich, behaglich ich es habe. Ja, wenn ich an Sommertagen bei weit geöffneten Türen und Fenstern am Schreibtisch sitze, umgeben von all dem Sonnenglitzer auf dem Wasser. Ja, wenn ich nachts in meiner Koje liege, der Regen aufs Dach trommelt und der Sturm an den Schotten klappert. Wenn ich mich der Natur ganz nah fühle und doch geborgen, umgeben von der schützenden Stahlhaut meiner Lotte. Ich bereue nichts. Mir ist sehr bewusst, welches Leben ich führen darf, und ich betrachte es als außerordentliches Privileg.

Gewiss werde ich nicht bis an mein Lebensende auf der Lotte bleiben können. Irgendwann wird es sicherlich zu anstrengend und im Winter zu gefährlich. Nein, ein Alterssitz wird die Lotte nicht sein (vielleicht verkaufe ich sie und erwerbe stattdessen einen Wohnwagon). Aber ich habe dann immerhin einige Jahre meines Lebens auf einem Hausboot gewohnt. Und allein das zählt für mich. Dass ich meinen Traum verwirklicht habe. Was die Zukunft bringt, kann keiner von uns wissen. Vielleicht werde ich gar nicht alt. Vielleicht bleibe ich fit bis ins hohe Alter. Vielleicht nimmt mein Leben noch einmal eine andere Wendung. Wer weiß das schon. Die Zwiespältigkeit des Lebens auf einem alten Hausboot wird mich begleiten, solange ich hier lebe. Es ist eben nicht alles schön, nicht alles leicht und einfach. Aber diesen Preis zahle ich gern. Denn ich weiß, dass ich dafür einen unvergleichlichen Lebensort bekomme, einen Herzensort.

Und irgendwann, wenn ich zu alt bin für die Lotte, irgendwann, wenn ich wieder an Land wohne, dann werde ich sagen können: »Ich hatte einmal ein Hausboot auf der Elbe.«

# Danksagung

Ein Buch schreibt man nicht allein, eine Menge Menschen sind daran beteiligt. Zuallererst möchte ich meiner Freundin Alex danken. Ohne dich wäre dieses Buch nie fertig geworden. Du warst mir in Schreibkrisen eine Mutmacherin, hast mit mir über einer Gliederung gebrütet und dir immer wieder mein Manuskript angesehen. Eine Freundin wie dich zu haben, das ist ein großes Glück.

Ohne meine Lektorin Kirsten Gleinig hätte ich einen langweiligen Text abgeliefert, meine Leser hätten das Buch gähnend aus der Hand gelegt. Danke, dass du mir immer wieder den rechten Weg gewiesen hast, meinen Text behutsam geglättet und in Form gegossen hast. Deine Anregungen haben das Buch zu dem gemacht, was es jetzt ist.

Dank auch an die wunderbaren Frauen von Eden Books. Wenn ihr nicht geglaubt hättet, mein Lotte-Leben sei erzählenswert, wäre dieses Buch nie entstanden. Ihr habt mich den ganzen Schreibprozess über liebevoll und aufmerksam begleitet. Eure Leidenschaft, guten und spannenden Büchern auf die (Lese-)Welt zu verhelfen, ist großartig.

Dank an Antje von Kavaliere und Stadtschönheiten – du hast mich hübsch gemacht, sodass ich vor die Kamera treten mochte.

Danke auch an Sebastian Fuchs, der mich an einem wahrlich eisigen Tag so fotografiert hat, dass selbst ich die Bilder mochte.

Danke an Patrick Franck, der mit dem Blick aufs Detail einen feinen Film von mir gemacht hat.

Danke an meine Familie und meine Freunde, ihr habt immer daran geglaubt, dass ich eines Tages ein Buch schreiben würde. Hier ist es – für euch.

# Impressum

Nicola Eisenschink
**Hausboot Lotte, Kater Emma und ich**
ISBN: 978-3-95910-156-1

Eden Books
Ein Verlag der Edel Germany GmbH
Copyright © 2018 Edel Germany GmbH, Neumühlen 17, 22763 Hamburg
www.edenbooks.de | www.facebook.com/EdenBooksBerlin | www.edel.com
1. Auflage 2018

Das Buch basiert auf realen Begebenheit. Einige der Personen im Text sind daher aus Gründen des Persönlichkeitsschutzes anonymisiert. Eventuelle Übereinstimmung mit realen Personen sind nicht beabsichtigt.

Projektkoordination: Nina Schumacher
Lektorat: Kirsten Gleinig
Umschlaggestaltung: Johanna Höflich
Cover- und Autorenfoto: © Sebastian Fuchs
Umschlagfotos: Foto Rückseite © Vitalinka/Shutterstock.com; Katze: © Ysbrand Cosijn/Shutterstock.com; Marquise: © Richard Peterson/ Shutterstock.com
Lithografie: Frische Grafik, Hamburg
Layout und Satz: Datagrafix GmbH, Berlin | www.datagrafix.com
Druck und Bindung: optimal media GmbH, Glienholzweg 7, 17207 Röbel/ Müritz

Das FSC®-zertifizierte Papier *Holmen Book Cream* für dieses Buch lieferte Holmen Paper, Hallstavik, Schweden.

Printed in Germany

Dieses Buch ist auch als E-Book erhältlich.

Um die kulturelle Vielfalt zu erhalten, gibt es in Deutschland und in Österreich die gesetzliche Buchpreisbindung. Für Sie, liebe Leserin und lieber Leser, bedeutet das, dass Ihr verlagsneues Buch jeweils überall dasselbe kostet, egal, ob Sie Ihre Bücher gern im Internet, in einer großen Buchhandlung oder beim kleinen Buchhändler um die Ecke kaufen.